Slow Cooking 2023

Kreative Rezepte für den Crock-Pot, den Dutch Oven und mehr

Lena Fischer

Inhalt

Bier Pulled Pork Sandwiches 20

.... 20

.... 21

Mamas Apfelknusper 22

.... 22

.... 22

Vegetarisches Quinoa mit Spinat 24

.... 24

.... 25

Einfache käsige Quinoa mit Gemüse 26

.... 26

.... 27

Grünkohl-Frittata mit Würstchen 28

.... 28

.... 28

Ein leckeres Wochenende Frittata 30

.... 30

.... 31

Ein vegetarischer Frühstücksgenuss 32

.... 32

.... 33

Proteinreiche Speck-Frittata 34

.... 34

.... 34

Chili-Pilz-Omelett 36

.... 36

.... 37

Bananen-Pekannuss-Haferflocken 38

.... 38

.... 38

Herzhafter Haferbrei mit Nüssen 40

.... 40

.... 41

Teriyaki-Huhn mit Basmatireis 42

.... 42

.... 42

Saftiges und zartes Hähnchen mit karamellisierten Zwiebeln 43

.... 43

.... 44

Curryhuhn mit Mandeln 45

.... 45

Erstaunliches Hähnchen in Milch 46

.... 46

Gewürzter Truthahn mit Sauerkraut 47

.... 47

Cranberry Putenbrust 49

....49

....49

Truthahn mit Zwiebel-Knoblauch-Sauce 50

....50

Omas Kohl mit Rindfleisch 52

....52

Köstliches Beef Stroganoff..53

....53

Nationale Rinderbrust vom Corned Beef 55

....55

....55

Gemüsebraten 57

....57

....57

Roastbeef mit Gemüse 59

....59

Rindersteak mit Pilzsoße 60

....60

....60

Saftiges Schweinefleisch mit Apfelmus 62

....62

....62

Schinken mit Ananas 63

....63

- 63
- Cranberry Schweinebraten mit Süßkartoffeln 64
- 64
- Würstchen mit Sauerkraut und Bier 66
- 66
- 66
- Schweinesteaks in Pflaumensauce 67
- 67
- 67
- Würziger Schweinebraten mit Gemüse 68
- 68
- 68
- Gehackte Schweinerippchen mit Ingwersauce 70
- 70
- Schweinebraten in Bier 72
- 72
- 72
- Scharfes Hühnchen 73
- 73
- 73
- Heißes Huhn mit Spinat 75
- 75
- Garnelenpüree mit Avocado 76
- 76

	76
Eine Karriereparty	78
	78
	79
Gewürzte Sojanüsse und Kürbiskerne	80
	80
	80
Knusprige bunte Mischung	82
	82
	82
Dip nach indischer Art	84
	84
	84
Partyliebling Artischocke	85
	85
	85
Artischocken-Spinat-Dip	86
	86
	86
Käse-Peperoni-Dip	88
	88
Müslimischung mit Erdnüssen	89
	89
	89
Knusprige Hot Chicken Taquitos	91

....	91
....	91
Mamas Cocktailparty-Mix	93
....	93
....	93
Kandierte Cashewnüsse und Walnüsse	95
....	95
....	95
Zuckerglasierte Pinienkerne und Pekannüsse	97
....	97
....	97
Müsli-Frucht-Mischung	99
....	99
Kick-Up heiße Party	101
....	101
....	102
Eine Mischung aus Müsli- und Nuss-Snacks	103
....	103
....	103
Sommerliche Pizzasoße	105
....	105
....	105
Käsedip nach italienischer Art	106
....	106
Sauerkraut-Rindfleisch-Sauce	107

....	107
....	107
Warme Sauce aus getrocknetem Rindfleisch	108
....	108
....	108
Geröstete Paprika-Knoblauch-Sauce	109
....	109
....	109
Heißer Käse-Dip	110
....	110
....	110
Leckere Chilisauce	111
....	111
....	111
Vorspeise mit drei Käsebohnen	113
....	113
....	113
Mexikanischer Queso Fundido	114
....	114
Einfacher Meeresfrüchte-Dip	115
....	115
....	115
Leckerer Lachsdip	116
....	116
....	116

Romantisches Käsefondue	117
	117
	117
Honig-Party-Flügel	118
	118
	118
Partytaugliches Fondue	119
	119
	119
Frikadellen mit Johannisbeergelee	121
	121
	121
Jalapeño-Mais-Käse-Dip	122
	122
	122
Picante-Bohnen-Dip	124
	124
	124
Leckere Tomaten Frikadellen	125
	125
	125
Putenfleischbällchen mit Paprikasoße	127
	127
	127
In Bier geschmorte Fleischbällchen	129

- 129
  - Franks bitterer Cocktail 130
- 130
- Hähnchen mit Nudeln, Slow Cooker 131
  - ZUTATEN 131
  - VORBEREITUNG 131
- Huhn mit Zwiebeln 133
  - ZUTATEN 133
  - VORBEREITUNG 133
- Hähnchen mit Petersilienknödel 134
  - ZUTATEN 134
  - VORBEREITUNG 135
- Hähnchen mit Perlzwiebeln und Champignons 136
  - ZUTATEN 136
  - VORBEREITUNG 136
- Hähnchen mit Ananas 138
  - ZUTATEN 138
  - VORBEREITUNG 138
- Hühnchen und Reis Auflauf 140
  - ZUTATEN 140
  - VORBEREITUNG 140
- Chili-Huhn 141
  - ZUTATEN 141
  - VORBEREITUNG 141
- Hähnchen und Gemüse nach chinesischer Art 142
  - ZUTATEN 142
  - VORBEREITUNG 142

Cornish Game Hens mit Reis	143
ZUTATEN	143
VORBEREITUNG	143
Cornish-Hühner mit Rosinensoße	144
ZUTATEN	144
VORBEREITUNG	144
Hähnchenbrust des Nationalkapitäns	146
ZUTATEN	146
VORBEREITUNG	146
Hackfleisch und Pilze	148
ZUTATEN	148
VORBEREITUNG	148
Country Club-Huhn	149
ZUTATEN	149
VORBEREITUNG	149
Cranberry-Huhn	151
ZUTATEN	151
VORBEREITUNG	151
Cranberry-Huhn II	152
ZUTATEN	152
VORBEREITUNG	152
Frischkäse-Huhn	154
ZUTATEN	154
VORBEREITUNG	154
Cremiges Huhn und Artischocke	156
ZUTATEN	156
VORBEREITUNG	156

Cremiges italienisches Huhn	158
ZUTATEN	158
VORBEREITUNG	158
Kreolisches Huhn	160
ZUTATEN	160
VORBEREITUNG	160
Kreolisches Huhn mit Wurst	162
ZUTATEN	162
VORBEREITUNG	162
Crock Pot Hähnchen und Artischocken	164
ZUTATEN	164
VORBEREITUNG	164
Crock Pot Hähnchen und Soße	166
ZUTATEN	166
VORBEREITUNG	166
Crock Pot Chicken Enchilada Hot Dish	168
ZUTATEN	168
VORBEREITUNG	168
Crock Pot Chicken Enchiladas	170
ZUTATEN	170
VORBEREITUNG	170
Crock Pot Chicken Tortillas	171
ZUTATEN	171
VORBEREITUNG	171
Crockpot-Cassoulet	173
ZUTATEN	173
VORBEREITUNG	173

Crockpot Chicken and Herb Dumplings 175
ZUTATEN 175
VORBEREITUNG.. 175
Crockpot Hähnchengrill 177
ZUTATEN 177
VORBEREITUNG.. 177
Crockpot Hähnchengrill 179
ZUTATEN 179
VORBEREITUNG.. 179
Crockpot-Chili Chili... 180
ZUTATEN 180
VORBEREITUNG.. 180
Crockpot Chicken Chow Mein 182
ZUTATEN 182
VORBEREITUNG.. 182
Crockpot Chicken Cordon Bleu 184
ZUTATEN 184
VORBEREITUNG.. 184
Crockpot Hähnchen Cordon Bleu II.. 185
ZUTATEN 185
VORBEREITUNG.. 185
Crockpot Hähnchenkeulen... 187
ZUTATEN 187
VORBEREITUNG.. 187
10. Variationen... 188
Crockpot Chicken Frikassee Rezept 189
ZUTATEN 189

VORBEREITUNG 190

Crockpot Chicken Reuben Casserole 191

ZUTATEN 191

VORBEREITUNG 191

Crockpot-Huhn mit Artischocken 193

ZUTATEN 193

VORBEREITUNG 193

Crockpot-Huhn mit Dijon-Senf 195

ZUTATEN 195

VORBEREITUNG 195

Crockpot-Huhn mit Reis 196

ZUTATEN 196

VORBEREITUNG 196

Crockpot-Huhn mit Tomaten 198

ZUTATEN 198

VORBEREITUNG 198

Crockpot-Cola-Huhn 199

ZUTATEN 199

VORBEREITUNG 199

Crockpot kreolisches Huhn 200

ZUTATEN 200

VORBEREITUNG 200

Crockpot-Huhn mit Kräuterfüllung 202

ZUTATEN 202

VORBEREITUNG 202

Crockpot-Huhn mit Kräuterfüllung 204

ZUTATEN 204

VORBEREITUNG 204

Crockpot Hähnchen nach italienischer Art 206

ZUTATEN 206

VORBEREITUNG 206

Crock Pot Limabohnen mit Hähnchen 208

ZUTATEN 208

VORBEREITUNG 208

Crockpot Pasta und Käsegenuss 209

ZUTATEN 209

VORBEREITUNG 209

Debbies Crockpot Chicken und Füllung 210

ZUTATEN 210

VORBEREITUNG 210

Diana Hühnerkönig 212

ZUTATEN 212

VORBEREITUNG 212

Gedilltes Hähnchen mit Gemüse 213

ZUTATEN 213

VORBEREITUNG 213

Don's Sweet and Sour Chicken 214

ZUTATEN 214

VORBEREITUNG 214

Einfaches käsiges Slow Cooker-Huhn 216

ZUTATEN 216

VORBEREITUNG 216

Einfacher Hühnchen-Cacciatore 217

ZUTATEN 217

VORBEREITUNG 217

Bier Pulled Pork Sandwiches

(Fertig in ca. 10 Stunden | Für 16 Personen)

Zutaten

- 1 mittelgroßer Schweinebraten
- 1 große Zwiebel, gehackt
- 3 Knoblauchzehen, zerdrückt
- 2 Karotten, in dünne Scheiben geschnitten
- 1/2 TL gemahlener schwarzer Pfeffer
- 1/2 Teelöffel Cayennepfeffer
- 1 Teelöffel Meersalz
- 1 TL gemahlener schwarzer Pfeffer
- 1 Teelöffel Kreuzkümmelpulver
- 1 (12 oz) Dose Bier
- 1 Tasse Barbecue-Sauce

Anweisungen

1. Das Schweinefleisch mit einer Tranchiergabel einstechen.

2. Alle Zutaten bis auf die Barbecue Sauce in einen Topf geben.

3. Topf hoch stellen; 1 Stunde kochen. Dann die Hitze reduzieren und 6-8 Stunden länger garen.

4. Zerkleinern Sie das gekochte Schweinefleisch und geben Sie es zurück in den Topf. Die Barbecue-Sauce hinzugeben und weitere 1 Stunde kochen.

5. Servieren Sie Ihren Lieblings-Hamburger auf Brötchen und genießen Sie!

Mamas Apfelknusper

(Fertig in ca. 3 Stunden | Für 6 Personen)

Zutaten

- 2/3 Tasse altmodischer Hafer
- 2/3 Tasse brauner Zucker, verpackt
- 2/3 Tasse Allzweckmehl
- 1 TL Piment
- 1 Teelöffel Zimt
- 1/2 Tasse Butter
- 5-6 säuerliche Äpfel, entkernt und in Scheiben geschnitten

Anweisungen

1.In einer mittelgroßen Rührschüssel die ersten sechs Zutaten mischen. Mischen, bis alles gut vermischt ist.

2.Legen Sie die geschnittenen Äpfel in Ihren Topf.

3.Die Hafermischung über die Äpfel im Topf streuen.

4.Decken Sie den Topf mit drei Papiertüchern ab. Stellen Sie den Topf auf die höchste Stufe und kochen Sie ihn etwa 3 Stunden lang.

Vegetarisches Quinoa mit Spinat

(Fertig in ca. 3 Stunden | Für 4 Personen)

Zutaten

- 2 EL Olivenöl
- 3/4 Tasse Zwiebel, gehackt
- 1 Tasse Spinat
- 2 Knoblauchzehen, gehackt
- 1 Tasse Quinoa, gespült
- 2 ½ Tassen Gemüsebrühe
- 1 Tasse Wasser
- 1 EL frischer Basilikum
- 1 Esslöffel frischer Koriander
- 1/4 TL gemahlener schwarzer Pfeffer
- Nach Geschmack salzen
- 1/3 Tasse Parmesankäse

Anweisungen

1. Das Olivenöl in einem Topf bei mittlerer Hitze erhitzen. Zwiebel, Spinat und Knoblauch anbraten, bis sie weich sind und duften. Gehen Sie zum Topf.

2. Die restlichen Zutaten außer dem Käse dazugeben und abdecken.

3. Etwa 3 Stunden auf niedriger Stufe garen.

4. Parmesankäse unterrühren, abschmecken und würzen; Aufschlag!

Einfache käsige Quinoa mit Gemüse

(Fertig in ca. 3 Stunden | Für 4 Personen)

Zutaten

- 2 EL Margarine, geschmolzen
- 1 mittelgroße Zwiebel, gehackt
- 1 Knoblauchzehe, gehackt
- 1 Tasse Champignons, in Scheiben geschnitten
- 1 süße rote Paprika
- 1 Tasse Quinoa, gespült
- 2 Tassen Gemüsebrühe
- 1 ½ Tassen Wasser
- 1 gehäufter Esslöffel frische Petersilie
- 1 gehäufter Esslöffel frischer Koriander
- 1/4 Teelöffel zerkleinerte Paprikaflocken
- Eine Prise gemahlener schwarzer Pfeffer
- Nach Geschmack salzen

- 1/3 Tasse Parmesankäse

Anweisungen

1. Erhitzen Sie die Margarine in einer mittelgroßen Pfanne bei mittlerer Hitze.

2. Zwiebel, Knoblauch, Champignons und Paprika in heißer Margarine ca. 6 Minuten oder bis sie weich sind anbraten. Ersetzen Sie den Topf.

3. Fügen Sie restliche Bestandteile außer Parmesankäse hinzu; Drehen Sie den Topf auf niedrige Stufe und kochen Sie ihn etwa 3 Stunden lang.

4. Parmesankäse hinzufügen und warm genießen!

Grünkohl-Frittata mit Würstchen

(Fertig in ca. 3 Stunden | Für 6 Personen)

Zutaten

- Antihaft-Kochspray
- 3/4 Tasse Grünkohl
- 1 süße rote Paprika, in Scheiben geschnitten
- 1 süße grüne Paprika, in Scheiben geschnitten
- 1 mittelgroße rote Zwiebel, in Scheiben geschnitten
- 8 Eier, geschlagen
- 1/2 TL gemahlener schwarzer Pfeffer
- 1 Teelöffel Salz
- 1 1/3 Tassen Wurst

Anweisungen

1. Alle Zutaten in einem gut gefetteten Topf mischen.

2. Stellen Sie den Topf auf niedrige Stufe und kochen Sie, bis die Frittata fest ist, oder ungefähr 3 Stunden.

3. Sie können diese Frittata 60 Sekunden lang in der Mikrowelle erhitzen.

Ein leckeres Wochenende Frittata

(Fertig in ca. 3 Stunden | Für 6 Personen)

Zutaten

- Antihaft-Kochspray
- 1 1/3 Tassen gekochter Schinken
- 1 rote Paprika, in Scheiben geschnitten
- 1 süße grüne Paprika, in Scheiben geschnitten
- 1 Frühlingszwiebel, in Scheiben geschnitten
- 8 Eier, geschlagen
- 1 Esslöffel Basilikum
- 1 gehäufter Esslöffel frischer Koriander
- 1 Esslöffel frische Petersilie
- 1 Teelöffel Salz
- 1/4 TL gemahlener schwarzer Pfeffer
- 1/4 Teelöffel Cayennepfeffer
- Ein paar Tropfen Tabasco-Sauce

Anweisungen

1. Beschichten Sie den Topf mit Antihaft-Kochspray. Alle Zutaten in einem Topf vermischen.

2. Den Topf auf niedrige Stufe stellen und die Frittata ca. 3 Stunden garen.

3. Auf sechs Teller verteilen und nach Belieben mit gehacktem Schnittlauch bestreuen; mit Sauerrahm garnieren und servieren!

Ein vegetarischer Frühstücksgenuss

(Fertig in ca. 4 Stunden | Für 4 Personen)

Zutaten

- 2 EL Rapsöl
- 1 Tasse Frühlingszwiebeln, gehackt
- 1 Knoblauchzehe, gehackt
- 2 mittelgroße Karotten, in dünne Scheiben geschnitten
- 1 Selleriestange, gehackt
- 1 Tasse Quinoa, gespült
- 2 Tassen Gemüsebrühe
- 1 ½ Tassen Wasser
- 1 Esslöffel frischer Koriander
- Eine Prise gemahlener schwarzer Pfeffer
- 1/4 Teelöffel getrockneter Thymian
- 1/4 Teelöffel getrocknetes Dillkraut
- Nach Geschmack salzen

- 1/3 Tasse Parmesankäse

Anweisungen

1. Das Rapsöl in einer mittelgroßen Pfanne bei mittlerer Hitze erhitzen.

2. Zwiebel, Knoblauch, Karotte und Sellerie ca. 5 Minuten anbraten oder bis das Gemüse weich ist. Das Gemüse in den Topf geben.

3. Quinoa, Gemüsebrühe, Wasser, Koriander, schwarzer Pfeffer, getrockneter Thymian, Dillkraut und Salz nach Geschmack hinzugeben.

4. Abdecken und etwa 4 Stunden auf NIEDRIG garen.

5. Mit Parmesan bestreuen und warm servieren!

Proteinreiche Speck-Frittata

(Fertig in ca. 4 Stunden | Für 6 Portionen)

Zutaten

- Antihaft-Kochspray
- 1 Tasse Frühlingszwiebeln, in Scheiben geschnitten
- 1 1/3 Tassen Speck
- 1 Tasse Champignons, in Scheiben geschnitten
- 1 Poblano-Paprika, gehackt
- 10 Eier, geschlagen
- 1 gehäufter Esslöffel frischer Koriander
- 1 Teelöffel Salz
- 1/4 TL gemahlener schwarzer Pfeffer
- 1/4 Teelöffel zerkleinerte Paprikaflocken

Anweisungen

1. Alle Zutaten in einem gebutterten Topf mischen.

2. Als nächstes stellen Sie Ihren Pot auf niedrig; Zugedeckt die Frittata 3-4 Stunden garen.

3. In sechs Scheiben schneiden, mit Senf garnieren und servieren!

Chili-Pilz-Omelett

(Fertig in ca. 4 Stunden | Für 4 Personen)

Zutaten

- Antihaft-Kochspray
- 1 Frühlingszwiebel, in Scheiben geschnitten
- 2 Knoblauchzehen, gehackt
- 2 Tassen Pilze, in Scheiben geschnitten
- 1 Chilischote, gehackt
- 2 reife Tomaten, in Scheiben geschnitten
- 8 Eier, geschlagen
- 1 Esslöffel frischer Koriander
- 1 Teelöffel Salz
- 1/4 TL gemahlener schwarzer Pfeffer
- 1/4 Teelöffel Cayennepfeffer

Anweisungen

1. Gib alle Zutaten in deinen Topf.

2. Deckel mit Deckel; 3-4 Stunden auf niedriger Stufe garen.

3. In Scheiben schneiden und warm mit Sauerrahm und Ketchup servieren.

Bananen-Pekannuss-Haferflocken

(Fertig in ca. 8 Stunden | Für 4 Personen)

Zutaten

- 2 Tassen Wasser
- 2 reife Bananen
- 1 Tasse stahlgeschnittene Haferflocken
- 1/4 Tasse Pekannüsse, grob gehackt
- 2 Tassen Sojamilch
- 1/2 Teelöffel Zimt
- 1 Teelöffel reiner Mandelextrakt
- Eine Prise Salz
- Honig nach Geschmack

Anweisungen

1. Gießen Sie Wasser in Ihren Kochtopf. Verwenden Sie eine ofenfeste Schüssel (hier funktioniert eine Glasschüssel) und stellen Sie sie in Ihren Topf.

2. Die Bananen mit einer Gabel zerdrücken oder in einem Mixer pürieren. In eine ofenfeste Schüssel umfüllen.

3. Die restlichen Zutaten in die Schüssel geben.

4. Über Nacht oder 8 Stunden auf niedriger Stufe kochen.

5. Mischen Sie vor dem Servieren gut und fügen Sie Ihre Lieblingszutaten hinzu. Genießen!

Herzhafter Haferbrei mit Nüssen

(Fertig in ca. 8 Stunden | Für 4 Personen)

Zutaten

- 1 große reife Banane
- 1 Tasse stahlgeschnittene Haferflocken
- 1/4 Tasse Walnüsse, grob gehackt
- 2 EL Chiasamen
- 1 Esslöffel Hanfsamen
- 2 Tassen Milch
- 1/4 TL geriebene Muskatnuss
- 1/2 Teelöffel Kardamom
- 1/2 Teelöffel Zimt
- 1 Teelöffel reiner Vanilleextrakt
- 2 Tassen Wasser
- Ahornsirup zur Dekoration
- Frisches Obst zur Dekoration

Anweisungen

1. Die Banane mit einer Gabel zerdrücken. Die zerdrückte Banane in die Auflaufform geben. Die restlichen Zutaten untermischen.

2. Gießen Sie Wasser in den Kochtopf.

3. Stellen Sie die Auflaufform in den Topf. Über Nacht oder 8 Stunden auf niedriger Stufe kochen. Mit Ahornsirup und frischen Früchten toppen.

Teriyaki-Huhn mit Basmatireis

(Fertig in ca. 8 Stunden | Für 8 Portionen)

Zutaten

- 2 Pfund Huhn, ohne Knochen und in Streifen geschnitten
- 1 Tasse grüne Erbsen
- 1 süße rote Paprika, gehackt
- 1 süße gelbe Paprika, gehackt
- 1 Tasse Frühlingszwiebeln
- 1/2 Tasse Hühnerbrühe
- 1 Tasse Teriyaki-Sauce
- Meersalz nach Geschmack
- 1/4 TL gemahlener schwarzer Pfeffer

Anweisungen

1. Alle Zutaten in den Topf geben. Zum Mischen umrühren.
2. Abdecken und etwa 6 Stunden auf niedriger Stufe garen.
3. Über Basmatireis servieren.

Saftiges und zartes Hähnchen mit karamellisierten Zwiebeln

(Fertig in ca. 6 Stunden | Für 4 Personen)

Zutaten

- 2 Esslöffel Butter
- 1 große Zwiebel, gehackt
- 1 Teelöffel Zucker
- 2 Knoblauchzehen, gehackt
- 1 EL Currypulver
- 1 Tasse Wasser
- 3/4 TL Hühnerbrühekonzentrat
- 8 Hähnchenschenkel, ohne Haut
- Als Beilage gekochter weißer Langkornreis

Anweisungen

1. In einer kleinen Pfanne oder bei mittlerer Hitze schmelzen. Fügen Sie die Zwiebel hinzu und kochen Sie sie 10 Minuten lang, wobei Sie gelegentlich umrühren.

2. Drehen Sie dann die Hitze auf mittelhoch; fügen Sie den Zucker hinzu und kochen Sie für weitere 10 Minuten oder bis die Zwiebeln goldbraun werden. Gehen Sie zum Topf.

3. Fügen Sie die restlichen Zutaten außer gekochtem Reis hinzu; Zugedeckt etwa 6 Stunden garen.

4. Auf vier Teller verteilen und mit weißem Langkornreis servieren.

Curryhuhn mit Mandeln

(Fertig in ca. 6 Stunden | Für 4 Personen)

Zutaten

- 1 Esslöffel Olivenöl
- 1 cl Lauch, gehackt
- 2 Knoblauchzehen, gehackt
- 1 ½ Esslöffel Currypulver
- 1 Tasse Mandelmilch
- 1/2 Tasse Wasser
- 8 Hähnchenschenkel, ohne Haut
- 1 1/2 Tassen Sellerie, diagonal geschnitten
- 1 Tasse geschnittene Mandeln, geröstet

Anweisungen

1. Olivenöl in einer schweren Pfanne erhitzen; Lauch braten, bis er weich ist. Gehen Sie zum Topf.
2. Die restlichen Zutaten außer den gehackten Mandeln hinzugeben.
3. Mit einem geeigneten Deckel abdecken und ca. 6 Stunden garen.
4. Mit gerösteten Mandeln bestreuen und warm servieren!

Erstaunliches Hähnchen in Milch

(Fertig in ca. 8 Stunden | Für 4 Personen)

Zutaten

- Antihaft-Kochspray
- 1 Tasse Hühnersuppe
- 1 grüne Paprika, in Scheiben geschnitten
- 1 rote Paprika, in Scheiben geschnitten
- 1 Karotte, in dünne Scheiben geschnitten
- 1/2 Tasse Milch
- 1 Tasse Hähnchenbrust, ohne Knochen und ohne Haut
- 1 ½ Tassen Wasser

Anweisungen

1. Beschichten Sie den Topf mit Antihaftspray.
2. Fügen Sie die restlichen Zutaten hinzu.
3. Deckel mit Deckel; Stellen Sie den Topf auf niedrige Stufe und kochen Sie ihn 8 Stunden lang.

Gewürzter Truthahn mit Sauerkraut

(Fertig in ca. 8 Stunden | Für 6 Portionen)

Zutaten

- 1 Pfund Karotten, in dünne Scheiben geschnitten
- 1 Selleriestange, fein gehackt
- 1 cl Lauch, gehackt
- 2 Knoblauchzehen, geschält und gehackt
- 1 große Putenbrust, ohne Knochen
- 2 Pfund Sauerkraut, gespült und abgetropft
- 6 mittelrote Kartoffeln, gewaschen und entkernt
- 2 Tassen Bier
- 1/2 Teelöffel getrockneter Salbei
- 1/2 Teelöffel getrockneter Rosmarin
- Nach Geschmack salzen
- 1/2 TL gemahlener schwarzer Pfeffer

Anweisungen

1. Alle Zutaten in den Topf geben.

2. Topf auf niedrig stellen; mit geschlossenem Deckel etwa 8 Stunden garen.

3. Probieren Sie dann die Gewürze und passen Sie sie gegebenenfalls an; dienen.

Cranberry Putenbrust

(Fertig in ca. 8 Stunden | Für 8 Portionen)

Zutaten

- Kochspray mit Buttergeschmack
- 1 TL Hühnerbrühekonzentrat
- 2 Tassen ganze Cranberry-Sauce
- 1/4 Teelöffel Wasser
- 1 mittelgroße Putenbrust ohne Knochen, geviertelt

Anweisungen

1. Bestreichen Sie den Topf mit Kochspray mit Buttergeschmack. Restliche Zutaten hinzufügen; zusammen mischen.

2. Abdecken und 8 Stunden auf niedriger Stufe oder 4 Stunden auf hoher Stufe garen. Mit saurer Sahne servieren.

Truthahn mit Zwiebel-Knoblauch-Sauce

(Fertig in ca. 8 Stunden | Für 8 Portionen)

Zutaten
- 5 große rote Zwiebeln, in dünne Scheiben geschnitten
- 4 Knoblauchzehen, gehackt
- 1/4 Tasse trockener Weißwein
- 1/2 TL Meersalz
- 1/4 TL gemahlener schwarzer Pfeffer
- 1/4 Teelöffel Cayennepfeffer
- 4 große Putenkeulen, ohne Haut

Anweisungen
1. Legen Sie die Zwiebel und den Knoblauch auf den Boden Ihres Topfes. Mit Wein aufgießen und mit Salz, schwarzem Pfeffer und Cayennepfeffer bestreuen.

2. Putenkeulen hinzufügen. Abdeckung; bei schwacher Hitze etwa 8 Stunden garen.

3. Die Putenkeulen aus dem Kochtopf nehmen. Putenknochen vom Fleisch befreien.

4. Öffnen Sie den Topf und kochen Sie weiter, bis die Flüssigkeit verdampft ist. Gelegentlich umrühren.

5.Den Truthahn zurück in den Kochtopf geben. Als nächstes legen Sie den Truthahn in die Topfmischung. Aufschlag.

Omas Kohl mit Rindfleisch

(Fertig in ca. 4 Stunden | Für 4 Personen)

Zutaten
- 1 Pfund gekochtes Rindfleisch, in mundgerechte Stücke geschnitten
- 1 mittelgroße Zwiebel, geschält und gewürfelt
- 1 Tasse Kohl, zerkleinert
- 2 mittelgroße Kartoffeln, gewürfelt
- 2 Karotten, geschält und in dünne Scheiben geschnitten
- 1 Selleriestange, gehackt
- 1 Knoblauchzehe, geschält und gehackt
- 2 Tassen Rinderbrühe
- 2 Tassen Dosentomaten, gehackt
- Salz, nach Geschmack
- 1/4 TL gemahlener schwarzer Pfeffer

Anweisungen
1. Alle Zutaten in einen Topf geben; zusammen mischen.
2. Stellen Sie den Topf auf die höchste Stufe und kochen Sie ihn 1 Stunde lang. Dann die Hitze auf niedrig stellen und 3-4 Stunden garen.
3. Geschmack und Gewürze anpassen; warm servieren.

Köstliches Beef Stroganoff

(Fertig in ca. 4 Stunden 30 Minuten | Für 4 Personen)

Zutaten

- 1 Pfund gekochtes Rindfleisch, zerkleinert
- 1/2 Tasse geschnittene Champignons, abgetropft
- 1 Zwiebel, gehackt
- 2-3 Knoblauchzehen, gehackt
- 1/2 Tasse Rinderbrühe
- 1 Tasse Pilzcremesuppe
- 2 EL trockener Weißwein
- 1 Tasse Frischkäse
- 1 Lorbeerblatt
- 1/2 Teelöffel getrockneter Salbei
- 1/2 Teelöffel getrockneter Rosmarin

Anweisungen

1. Geben Sie alle Zutaten außer dem Frischkäse in Ihren Topf. Zugedeckt bei schwacher Hitze 4 Stunden garen.

2. Dann den Frischkäse in kleine Stücke schneiden; in den Topf geben. Abdecken und 1/2 Stunde länger auf niedriger Stufe garen oder bis der Käse geschmolzen ist

3. Mit Ihren Lieblingseiernudeln servieren.

Nationale Rinderbrust vom Corned Beef

(Zubereitet in ca. 8 Stunden 45 Minuten | Für 12 Personen)

Zutaten

- 4 Pfund Corned Beef Brisket
- 2 Knoblauchzehen, geschält und gehackt
- 2 Zwiebeln, gehackt
- 1 Tasse Wasser
- 1 Lorbeerblatt
- 1/2 Tasse Rinderbrühe
- 1 Esslöffel Paprika
- 1/2 Teelöffel frisch geriebene Muskatnuss
- 1/2 Teelöffel weißer Pfeffer
- Ein paar Tropfen Flüssigrauch

Anweisungen

1. Überschüssiges Fett aus der Rinderbrust entfernen. Gib die Rinderbrust in den Topf.

2. Restliche Zutaten hinzufügen; abdecken und 8 Stunden garen.

3. Backofen auf 350 Grad F vorheizen. Rinderbrust in die Bratpfanne legen; 45 Minuten braten.

4. Auf Wunsch mit geschälten Kartoffeln servieren.

Gemüsebraten

(Fertig in ca. 8 Stunden | Für 6 Portionen)

Zutaten

- 1 Pfund Karotten
- 3 mittelgroße Kartoffeln, geviertelt
- 2 Knoblauchzehen, geschält und gehackt
- 2 Selleriestangen, gehackt
- 1 süße rote Paprika, entkernt und gewürfelt
- 1 große Zwiebel, gehackt
- 3 Pfund Futterbraten, ohne Knochen
- 1 Teelöffel Brühekonzentrat
- 1/2 TL schwarzer Pfeffer
- 1 Tasse Wasser
- 1 Tasse Tomatensaft
- 1 EL Sojasauce

Anweisungen

1. Legen Sie das Gemüse in Ihren Topf.

2. Das Chucksteak in Portionen schneiden. Die Steaks auf das Gemüse legen.

3. Brühkonzentrat, schwarzen Pfeffer, Wasser, Tomatensaft und Sojasauce in einer Schüssel mischen. Zum Mischen schlagen. Diese flüssige Mischung in den Topf geben.

4. Abdecken und etwa 8 Stunden auf niedriger Stufe garen.

Roastbeef mit Gemüse

(Fertig in ca. 8 Stunden | Für 12 Personen)

Zutaten

- 4 braune Kartoffeln, geviertelt
- 1 Tasse Wasser
- 4 Pastinaken, geviertelt
- 3 Steckrüben, geviertelt
- 1 Zwiebel, in Scheiben geschnitten
- 1/2 Tasse Lauch, in Scheiben geschnitten
- 7 Knoblauchzehen, in Scheiben geschnitten
- 4 Pfund magerer, runder Rinderbraten
- 1 Rinderbrühenkonzentrat
- 1 TL geräuchertes Paprikapulver
- 1/2 TL frisch gemahlener schwarzer Pfeffer

Anweisungen

1. Geben Sie einfach alle Zutaten in Ihren Topf.
2. Stellen Sie den Topf auf niedrig und kochen Sie für 8 Stunden.
3. Das Rindfleisch in Portionen schneiden und mit dem Gemüse servieren. Nach Belieben mit Senf garnieren.

Rindersteak mit Pilzsoße

(Fertig in ca. 8 Stunden | Für 12 Personen)

Zutaten

- 2 mittelgroße Zwiebeln, geschält und in Scheiben geschnitten
- 2 Pfund Rinderrundsteak, ohne Knochen
- 3 Tassen Pilze, in Scheiben geschnitten
- 1 Tasse Rüben, in Scheiben geschnitten
- 1 (12 oz) Dose Rindfleischsoße
- 1 (1 Unze) Umschlag trockene Pilzsaucenmischung

Anweisungen

1. Die Zwiebeln auf dem Topfboden verteilen.

2. Fett vom runden Rindersteak abschneiden; Dann das Rindfleisch in acht Stücke schneiden.

3. Legen Sie das Rindfleisch auf die Zwiebeln und legen Sie dann die Pilze darauf. Legen Sie die geschnittene Rübe darauf.

4. Mischen Sie die Rindfleischsauce und die Pilzsaucenmischung.

5. Diese Saucenmischung in den Topf geben; abdecken und bei schwacher Hitze 8 Stunden garen. Nach Belieben mit Kartoffelpüree servieren.

Saftiges Schweinefleisch mit Apfelmus

(Fertig in ca. 6 Stunden | Für 8 Personen)

Zutaten

- 1/4 Tasse hellbrauner Zucker
- 1/4 Tasse Dijon-Senf
- 1/2 TL gemahlener schwarzer Pfeffer
- 4 Pfund Schweinefilet, Fett entfernt
- 1/2 Tasse trockener Rotwein
- 4 Tassen Apfelmus, ungesüßt
- 1/2 Tasse Frühlingszwiebeln, gehackt

Anweisungen

1. Mischen Sie in einer kleinen Schüssel oder einem Messbecher Zucker, Senf und schwarzen Pfeffer. Zum Kombinieren gut mischen.

2. Die Senfmischung in das Schweinefilet einreiben.

3. Legen Sie das Schweinefilet in den Topf; Rotwein, Apfelmus und Frühlingszwiebeln hinzufügen; mit einem Deckel abdecken.

4. 6 Stunden bei schwacher Hitze garen. Mit extra Senf servieren.

Schinken mit Ananas

(Fertig in ca. 6 Stunden | Für 6 Portionen)

Zutaten

- 2 Pfund Bratenschinken
- 1 Pfund Ananas aus der Dose, abgetropft, 2 Esslöffel Saft aufheben.
- 1 cl Lauch, gehackt
- 2 Knoblauchzehen, gehackt
- 3 große Kartoffeln, gewürfelt
- 1/2 Tasse Orangenmarmelade
- 1/4 Teelöffel Paprika
- 1/4 TL gemahlener schwarzer Pfeffer
- 1/2 TL getrocknetes Basilikum

Anweisungen

1. Den Schinken in mundgerechte Stücke schneiden. Gehen Sie zum Topf.
2. Restliche Zutaten hinzufügen; zusammen mischen.
3. Zugedeckt bei schwacher Hitze 6 Stunden garen.

Cranberry Schweinebraten mit Süßkartoffeln

(Fertig in ca. 6 Stunden | Für 6 Portionen)

Zutaten

- 3 Pfund Schweinebraten
- 2 Tassen Preiselbeeren aus der Dose
- 1 mittelgroße Zwiebel, geschält und gewürfelt
- 1/2 Tasse Orangensaft
- 2 Esslöffel Apfelessig
- 1/2 TL Fünf-Gewürze-Pulver
- Meersalz nach Geschmack
- 1/2 TL gemahlener schwarzer Pfeffer
- 3 große Süßkartoffeln, geschält und geviertelt

Anweisungen

1. Legen Sie das Schweinefleisch in den Topf.

2. Kombinieren Sie Preiselbeeren, Zwiebel, Orangensaft, Apfelessig, Fünf-Gewürze-Pulver, Salz und schwarzen Pfeffer in einem Messbecher; zusammen mischen.

3. Die Cranberry-Mischung über den Schweinebraten im Topf gießen. Die Kartoffeln um das Schweinefleisch legen.

4. Abdecken und etwa 6 Stunden auf niedriger Stufe garen.

5. Auf eine Servierplatte geben und genießen!

Würstchen mit Sauerkraut und Bier

(Fertig in ca. 3 Stunden 30 Minuten | Für 8 Portionen)

Zutaten
- 8 vorgekochte Würste
- 2 große Zwiebeln, in Scheiben geschnitten
- 2 Pfund Sauerkraut, gespült und abgetropft
- 1 (12 oz) Flasche Bier

Anweisungen
1. Würstchen und Zwiebeln in den Topf geben. 30 Minuten bei starker Hitze garen.
2. Sauerkraut und Bier hinzufügen; zugedeckt bei schwacher Hitze 3 Stunden garen.
3. Nach Belieben mit Senf servieren.

Schweinesteaks in Pflaumensauce

(Fertig in ca. 6 Stunden | Für 6 Portionen)

Zutaten

- 12 Pflaumen, entsteint
- 3 Pfund Schweinekoteletts, ohne Knochen
- 4 mittelgroße Äpfel, entkernt und geviertelt
- 3/4 Tasse Apfelsaft
- 3/4 Tasse Sahne
- 1 Teelöffel Meersalz
- 1/4 TL frisch gemahlener Pfeffer
- 1 Esslöffel Butter

Anweisungen

1. Alle Zutaten in den Topf geben. Abdecken und 6 Stunden lang auf niedriger Stufe kochen oder bis sich das Fleisch leicht auseinanderziehen lässt.
2. Auf Kartoffelpüree servieren.

Würziger Schweinebraten mit Gemüse

(Fertig in ca. 6 Stunden | Für 4 Personen)

Zutaten

- 1 Esslöffel Rapsöl
- 1 große Zwiebel, in Scheiben geschnitten
- 1 Selleriestange, gehackt
- 1 große Karotte, geschält und in dünne Scheiben geschnitten
- 1 Jalapeño-Paprika, entkernt und gehackt
- 1 Teelöffel Knoblauchpulver
- Salz, nach Geschmack
- 1/2 TL Fünf-Gewürze-Pulver
- 1/4 TL frisch gemahlener schwarzer Pfeffer
- 1/2 Teelöffel getrockneter Oregano
- 1/2 Teelöffel getrocknetes Basilikum
- 1 (3 lb) Schweineschulter oder Rumpbraten
- 1 Tasse Gemüsebrühe

Anweisungen

1. Rapsöl in eine gusseiserne Pfanne geben. Rapsöl bei mittlerer Hitze erhitzen, dann das Gemüse hinzugeben. Braten Sie das Gemüse, bis es weich ist, oder ungefähr 15 Minuten lang.

2. Knoblauchpulver, Salz, Fünf-Gewürze-Pulver, schwarzer Pfeffer, Oregano und Basilikum in einer Schüssel mischen; mischen zu mischen.

3. Diese Gewürzmischung in das Fleisch einreiben. Schweinebraten in den Topf geben; mit der Gemüsebrühe aufgießen. Zugedeckt bei schwacher Hitze 6 Stunden garen.

4. Das Schweinefleisch mit zwei Gabeln zerkleinern. Die Sauce über das Schweinefleisch gießen und warm servieren.

Gehackte Schweinerippchen mit Ingwersauce

(Fertig in ca. 8 Stunden | Für 6 Portionen)

Zutaten

- 4 Pfund Country Pork Ribs
- 1 ¼ Tassen Tomatenketchup
- 2 EL Reisessig
- 2 EL Tamari-Sauce
- 1/4 Teelöffel Pfeffer
- 1 große Zwiebel, geschält und gewürfelt
- 1 Knoblauchzehe, geschält und gehackt
- 2 Teelöffel geriebener Ingwer
- 1/4 Teelöffel rote Paprikaflocken, zerdrückt

Anweisungen

1. Schneiden Sie die Schweinerippchen in einzelne Portionen in Portionsgröße.
2. Braten Sie die Rippchen 5 Minuten lang auf jeder Seite oder bis sie duften und gebräunt sind.
3. Für die Sauce: Tomatenketchup, Reisessig, Tamari-Sauce, Piment, Zwiebel, Knoblauch, Ingwer und rote Paprika in einem Topf mischen.
4. Schweinerippchen in den Kochtopf legen, Rippchen mit Sauce bedecken.

5. Abdecken und 8 Stunden lang auf niedriger Stufe garen oder bis die Rippchen weich sind.

Schweinebraten in Bier

(Fertig in ca. 6 Stunden | Für 4 Personen)

Zutaten

- 1 mittelgroße Schweinelende
- 2 süße Zwiebeln, geschält und in Scheiben geschnitten
- 4 große Kartoffeln, geviertelt
- 2 Tassen Karotten
- 1 Umschlag trockene Zwiebelsuppenmischung
- 1 (12 oz) Flasche Bier
- 5-6 Pfefferkörner

Anweisungen

1. Legen Sie das Schweinefilet in Ihren Topf. Zwiebeln, Kartoffeln und Karotten um das Fleisch herum anrichten.

2. Über die Suppenmischung gießen. Gießen Sie das Bier ein; dann Pfefferkörner hinzufügen.

3. Zugedeckt bei schwacher Hitze 6 Stunden garen. Auf vier Teller verteilen und warm servieren.

Scharfes Hühnchen

(Fertig in ca. 8 Stunden | Für 8 Portionen)

Zutaten

- 1 Liter Hühnerbrühe
- 1 Pfund Hähnchenbrust, ohne Haut, gewürfelt
- 3 Tassen Vollkornmais
- 1/2 Tasse gehackte Zwiebel, fein gehackt
- 2 Knoblauchzehen, gehackt
- 1 grüne Paprika, in dünne Scheiben geschnitten
- 1 Teelöffel Jalapeño-Chili, gehackt
- 1/2 Teelöffel getrocknete Thymianblätter
- 1 Teelöffel getrockneter Rosmarin
- Nach Geschmack salzen
- 1/4 Teelöffel schwarzer Pfeffer, gemahlen
- 1 Tasse 2% fettreduzierte Milch
- 2 Esslöffel Maisstärke

Anweisungen

1. Kombinieren Sie alle Zutaten außer Milch und Maisstärke im Topf; abdecken und etwa 8 Stunden auf niedriger Stufe garen.

2. Die Hitze hochschalten, Milch und Maisstärke einrühren und weitere 5 Minuten unter ständigem Rühren kochen.

3. Passen Sie die Gewürze an und servieren Sie sie mit Ihren Lieblings-Knoblauchcroutons.

Heißes Huhn mit Spinat

(Fertig in ca. 5 Stunden | Für 4 Personen)

Zutaten

- 1 Tasse Hühnerbrühe
- 1 ½ Tassen Dosentomaten, gehackt
- 1 ½ Tassen Kichererbsen, gespült und abgetropft
- 12 Unzen Hähnchenbrust, ohne Knochen, ohne Haut und gewürfelt
- 1 mittelsüße Zwiebel, gehackt
- 2 Süßkartoffeln, gewürfelt
- 2 Tassen verpackter Spinat
- Nach Geschmack salzen
- 1/4 TL schwarzer Pfeffer
- 1/2 TL Chilipulver

Anweisungen

1. Kombinieren Sie alle Zutaten außer Spinat im Topf; zugedeckt auf hoher Stufe ca. 5 Stunden garen,
2. Spinat einrühren; Gewürze anpassen.
3. Auf Suppentassen verteilen und servieren.

Garnelenpüree mit Avocado

(Fertig in ca. 5 Stunden | Für 4 Personen)

Zutaten

- 2 Tassen Wasser
- 1 Umschlag trockene Zwiebelsuppenmischung
- 1 rote Zwiebel, gehackt
- 1 Pflaumentomate, gehackt
- 3/4 Teelöffel Fünf-Gewürze-Pulver
- 1/8 TL Selleriesamen
- 1/2 Tasse Langkornreis
- 1 ½ Tassen Garnelen, geschält und quer halbiert
- 1 Avocado, gewürfelt
- Saft von 1 frischen Limette
- Nach Geschmack salzen
- 1/2 Teelöffel Paprika
- 1/2 TL gemahlener schwarzer Pfeffer

Anweisungen

1. Mischen Sie Wasser, Zwiebelsuppenmischung, Zwiebel, Tomate, Fünf-Gewürze-Pulver und Selleriesamen in einem Topf; abdecken und 5 Stunden auf hoher Stufe garen.

2. Langkornreis während der letzten 2 Stunden der Garzeit hinzugeben; fügen Sie die Garnelen während der letzten 20 Minuten hinzu.

3. Die restlichen Zutaten untermischen. Die Suppe in Schälchen füllen und heiß servieren.

Eine Karriereparty

(Fertig in ca. 2 Stunden 30 Minuten | Für 24 Portionen)

Zutaten

- 1 Tasse Walnüsse
- 1 Tasse Mandeln
- 1 Tasse Erdnüsse
- 1 Tasse geschälte Sonnenblumenkerne
- 4 EL Margarine, geschmolzen
- 2 Esslöffel Zucker
- 1 EL Currypulver
- 1 Teelöffel Knoblauchpulver
- 1 TL gemahlener Piment

Anweisungen

1. Stellen Sie den Topf 15 Minuten lang auf die höchste Stufe; fügen Sie Nüsse und Samen hinzu.

2. Mit Margarine beträufeln und zum Überziehen schwenken;

3. Fügen Sie die restlichen Zutaten hinzu. Abdecken und bei schwacher Hitze ca. 2 Stunden garen; alle 20 Minuten umrühren.

4. Schalten Sie die Hitze auf hoch; Deckel abnehmen und weitere 30 Minuten garen, nach 15 Minuten umrühren.

5. Sie können diesen Snack bis zu 3 Wochen in einem verschlossenen Behälter aufbewahren.

Gewürzte Sojanüsse und Kürbiskerne

(Fertig in ca. 2 Stunden 30 Minuten | Für 24 Portionen)

Zutaten

- 4 EL Butter, geschmolzen
- 5 Tassen geröstete Sojabohnen
- 1 Tasse geschälte Kürbiskerne
- 2 Esslöffel Zucker
- 1 EL Kurkumapulver
- 1 Esslöffel Basilikum
- 1 TL rote Paprikaflocken
- Meersalz, nach Geschmack

Anweisungen

1. Erhitze den Topf 15 Minuten lang auf hoher Stufe.

2. Butter über Sojabohnen und Kürbiskerne träufeln; den Mantel anziehen.

3. Mit den restlichen Zutaten bestreuen, abdecken und 2 Stunden auf niedriger Stufe kochen, dabei alle 15 Minuten umrühren.

4. Als nächstes erhöhen Sie die Hitze auf hoch; aufdecken und 30 Minuten kochen lassen, nach 15 Minuten umrühren.

Knusprige bunte Mischung

(Fertig in ca. 2 Stunden | Für 10 Personen)

Zutaten

- 1/2 Tasse geröstete Erdnüsse
- 1 Tasse Sesamstangen
- 3 Tassen Reismüsliquadrate
- 1/2 Tasse Wasabi-Erbsen
- 2 EL Butter, geschmolzen
- 1 EL Sojasauce
- 1 Teelöffel Paprika
- 1 EL Currypulver
- Zucker nach Belieben
- Meersalz, nach Geschmack

Anweisungen

1. Topf 15 Minuten bei starker Hitze erhitzen; Erdnüsse, Sesamstangen, Reisflocken und Wasabierbsen dazugeben.

2. Butter und Sojasauce über die Mischung träufeln und mischen.

3. Als nächstes streuen Sie Paprika, Currypulver, Zucker und Salz auf die Mischung; wieder werfen.

4. Kochen Sie anderthalb Stunden lang auf hoher Stufe und rühren Sie alle 30 Minuten um. Warm oder bei Zimmertemperatur servieren.

Dip nach indischer Art

(Fertig in ca. 2 Stunden | Für 10 Personen)

Zutaten
- 1 Kilo Frischkäse
- 2 Tassen scharfer Käse, gerieben
- 2-3 Knoblauchzehen, gehackt
- 1/2 Tasse gehacktes Mango-Chutney, geteilt
- 1/3 Tasse süße Zwiebel, fein gehackt
- 1/4 Tasse Sultaninen
- 1-2 Teelöffel Currypulver
- Gemüsestick, zur Dekoration

Anweisungen
1. Frischkäse und scharfen Käse in den Topf geben; abdecken und etwa 30 Minuten garen.
2. Fügen Sie dann die restlichen Zutaten außer den Gemüsesticks hinzu; abdecken und 1-1,5 Stunden garen.
3. Mit Ihrem Lieblingsgemüsestick servieren und genießen!

Partyliebling Artischocke

(Fertig ca. 1 Stunde 30 Minuten | Für 16 Personen)

Zutaten
- 1/2 Tasse Frischkäse, Raumtemperatur
- 1/2 Tasse scharfer Käse, gerieben
- 2 Tassen Artischockenherzen aus der Dose, abgetropft und gehackt
- 1/2 Tasse Mayonnaise
- 1 Teelöffel Zitronensaft
- 1-2 Frühlingszwiebeln, in Scheiben geschnitten
- 1/2 TL Meersalz
- 1 Teelöffel Cayennepfeffer
- Streitwagen: Grissini

Anweisungen
1. Den Käse etwa 30 Minuten in einem Topf schmelzen.
2. Restliche Zutaten außer Saucen mischen; abdecken und 1-1,5 Stunden garen.
3. Mit Toppings wie Grissini servieren und genießen!

Artischocken-Spinat-Dip

(Fertig ca. 1 Stunde 30 Minuten | Für 16 Personen)

Zutaten

- 1/2 Tasse Pecorino Romano, gerieben
- 1/2 Tasse Frischkäse, Raumtemperatur
- 1/2 Tasse Garnelen, gewürfelt
- 2 Tassen Artischockenherzen aus der Dose, abgetropft und gehackt
- 1/4 Tasse geröstete rote Paprika, gehackt
- 1/2 Tasse saure Sahne
- 2 Esslöffel Mayonnaise
- 1 Teelöffel Zitronensaft
- 1/2 Tasse Frühlingszwiebeln, in Scheiben geschnitten
- 1/2 TL Meersalz
- 1 Teelöffel Cayennepfeffer
- Karren: Cracker

Anweisungen

1. Den Käse in den Topf geben und etwa 30 Minuten backen.

2. Fügen Sie dann die restlichen Zutaten außer den Crackern hinzu; etwa 1 Stunde kochen.

3. Mit Crackern servieren.

Käse-Peperoni-Dip

(Fertig in ca. 2 Stunden | Für 10 Personen)

Zutaten

- 1 Tasse Frischkäse
- 1/2 Tasse Frühlingszwiebeln, gehackt
- 1 ½ Tassen Schweizer Käse, gerieben
- 1/2 Tasse Peperoni, gehackt
- 1 Teelöffel Senfkörner
- 1/4 Teelöffel Paprika
- 3/4 Tasse Vollmilch
- Gehackter frischer Schnittlauch zum Garnieren
- Streitwagen: Grissini

Anweisungen

1. Die Käsesorten in den Topf geben und etwa 30 Minuten backen.
2. Restliche Zutaten außer Schnittlauch und Saucen unterrühren.
3. Abdecken und etwa anderthalb Stunden backen. Mit gehacktem Schnittlauch bestreuen und mit Grissini servieren.

Müslimischung mit Erdnüssen

(Fertig in ca. 3 Stunden | Für 12 Personen)

Zutaten

- 5 Tassen Maisgrütze
- 4 Tassen Reismüsli
- 2 Tassen Brezeln
- 1 Tasse Müsli nach Wahl
- 1 Tasse Erdnüsse
- 1/3 Tasse Butter, geschmolzen
- Eine Prise schwarzer Pfeffer
- 1 Teelöffel Knoblauchpulver
- 1/2 Teelöffel Pfeffer
- 1 Esslöffel Gewürzsalz
- 1/4 Tasse Worcestershire-Sauce

Anweisungen

1. Gib Cornflakes, Reisflocken, Brezeln, Frühstücksflocken und Erdnüsse in deinen Topf.

2. Zubereitung der Sauce: In einer mittelgroßen Rührschüssel oder einem Messbecher die restlichen Zutaten vermischen. Zum Kombinieren gut mischen.

3. Die Sauce über die Müsli-Nuss-Mischung träufeln. Zum Kombinieren werfen.

4. Deckel mit Deckel; 3 Stunden köcheln lassen, dabei alle 1 Stunde umrühren. Sie können diesen erstaunlichen Snack bis zu 3 Wochen in einem verschlossenen Behälter aufbewahren.

Knusprige Hot Chicken Taquitos

(Fertig in ca. 8 Stunden 15 Minuten | Für 8 Portionen)

Zutaten

- 1 ½ Tassen Frischkäse
- 1/2 Tasse Wasser
- 4 mittelgroße Hähnchenbrust
- 3 Jalapeños, grob gehackt
- 1/2 TL Zwiebelpulver
- 1/2 TL Knoblauchpulver
- 1 Teelöffel Salz
- 16 Mehl-Tortillas in Taco-Größe
- 1 ½ Tassen Monterey Jack, gehackt
- 1/2 Tasse mexikanische Käsemischung
- Green Goddess Sauce nach Geschmack

Anweisungen

1. Frischkäse, Wasser, Hühnchen, Jalapeños, Zwiebelpulver, Knoblauchpulver und Salz in den Topf geben. Zugedeckt bei schwacher Hitze 8 Stunden garen.

2. In der Zwischenzeit Ofen auf 425 Grad F vorheizen; Ein Backblech mit Antihaft-Kochspray einfetten.

3. Zerkleinern Sie das gekochte Hähnchen mit den Klauen eines Schredders oder zwei Gabeln. Entfernen Sie den Topf. Zum Mischen umrühren.

4. Als nächstes die Mehltortillas in der Mikrowelle erhitzen, um sie weicher zu machen.

5. Käse auf jede Tortilla legen. Mit 3 Esslöffeln der Hühnermischung bedecken.

6. Rollen Sie die gefüllten Tortillas zu holzförmigen Taquitos. Die Taquitos im vorgeheizten Backofen 15 Minuten backen. Mit grüner Göttinnensoße servieren und genießen!

Mamas Cocktailparty-Mix

(Fertig in ca. 3 Stunden | Für 12 Personen)

Zutaten

- 9 Tassen Reismüsli
- 1 Tasse Mandeln
- 1 Tasse Pinienkerne
- 1 Tasse Erdnüsse
- 1/3 Tasse Margarine, geschmolzen
- Cayennepfeffer, nach Geschmack
- Schwarzer Pfeffer, nach Geschmack
- 1/2 TL Zwiebelpulver
- 1/2 TL Knoblauchpulver
- 1/2 TL geriebene Muskatnuss
- 1 Esslöffel Gewürzsalz
- 1/4 Tasse Worcestershire-Sauce
- 2 EL Tamari-Sauce

Anweisungen

1. Reisflocken, Mandeln, Pinienkerne und Erdnüsse in den Topf geben.

2. Für die Sauce die restlichen Zutaten in einer Rührschüssel vermischen. Zum Mischen gut verquirlen.

3. Die Sauce über die Mischung im Topf träufeln. Toss, um gut zu beschichten.

4. Dann 3 Stunden bei schwacher Hitze langsam kochen, dabei alle 1 Stunde umrühren. An einem kühlen, trockenen Ort bis zu 3 Wochen lagern.

Kandierte Cashewnüsse und Walnüsse

(Fertig in ca. 3 Stunden | Für 10 Personen)

Zutaten

- 2 Tassen Cashewnüsse
- 2 Tassen Walnüsse
- 1 ½ Tassen Zucker
- 1 EL gemahlener Zimt
- 1 Eiweiß
- 1 Teelöffel reiner Mandelextrakt
- 1/4 Tasse Wasser

Anweisungen

1. Gib die Cashewnüsse und Walnüsse in einen Topf, der mit Antihaft-Kochspray bestrichen ist.

2. Zucker und Zimt in einer Schüssel mischen. Mit Nüssen bestreuen.

3. In einer anderen Rührschüssel das Eiweiß mit dem Mandelextrakt schaumig schlagen.

4. Zugedeckt 3 Stunden bei schwacher Hitze garen, dabei alle 15-20 Minuten umrühren. Gießen Sie in den letzten 20 Minuten Wasser in den Topf.

5. Die kandierten Nüsse auf Backpapier verteilen und 20 Minuten abkühlen lassen.

Zuckerglasierte Pinienkerne und Pekannüsse

(Fertig in ca. 3 Stunden | Für 10 Personen)

Zutaten

- Kochspray mit Buttergeschmack
- 2 Tassen Pinienkerne
- 2 Tassen Pekannusshälften
- 3/4 Teelöffel Fünf-Gewürze-Pulver
- 1 Tasse Zucker
- 1/2 Tasse Puderzucker
- 1 Teelöffel gemahlener Zimt
- 1 Eiweiß
- 1 Teelöffel Vanille
- 1/4 Tasse Wasser

Anweisungen

1. Legen Sie die Pinienkerne und Pekannüsse in einen mit Antihaft-Kochspray besprühten Topf.

2. Fünf-Gewürze-Pulver, Zucker, Puderzucker und Zimt in einer Schüssel mischen. Streuen Sie diese Mischung über die Nüsse im Topf.

3. In einer separaten Schüssel das Eiweiß mit Vanille schlagen, bis es schaumig wird.

4. 3 Stunden bei schwacher Hitze garen, dabei alle 20 Minuten umrühren. Gießen Sie während der letzten 20 Minuten des Kochens Wasser in den Topf.

5. Die Pinienkerne und Pekannüsse auf einem Backblech verteilen und 20 Minuten abkühlen lassen.

Müsli-Frucht-Mischung

(Fertig ca. 1 Stunde 30 Minuten | Für 16 Personen)

Zutaten

- 3 Tassen Müsli
- 2 Tassen Mini-Brezel Twist
- 1/2 Tasse Sesamstangen, geteilt
- 2 Tassen Heidelbeeren, grob gehackt
- 1 Tasse Preiselbeeren, grob gehackt
- Kochspray mit Buttergeschmack
- 1/2 TL gemahlene Muskatnuss
- 1 Teelöffel gemahlener Zimt
- 1 Teelöffel brauner Zucker

Anweisungen

1. Erhitzen Sie Ihren Topf 15 Minuten lang auf hoher Stufe; Müsli, Brezeln, Sesamstangen, Heidelbeeren und Preiselbeeren dazugeben.

2. Sprühen Sie die Mischung großzügig mit Kochspray mit Buttergeschmack und werfen Sie sie; mit Muskatnuss, Zimt und Zucker bestreuen und schwenken.

3. Kochen Sie anderthalb Stunden lang auf hoher Stufe und rühren Sie alle 30 Minuten um.

Kick-Up heiße Party

(Fertig ca. 1 Stunde 30 Minuten | Für 16 Personen)

Zutaten

- 2 Tassen Cracker
- 4 Tassen gebackene Pita-Chips
- 1/2 Tasse Mandeln
- 1 Tasse getrocknete Ananasstücke
- Scharfe Paprikasoße nach Geschmack
- Kochspray mit Buttergeschmack
- 1 Teelöffel Chilipulver
- 1 TL geräuchertes Paprikapulver
- 1 Teelöffel getrocknete Oreganoblätter
- 1 Teelöffel getrocknete Salbeiblätter
- Eine Prise gemahlener schwarzer Pfeffer

Anweisungen

1.Stellen Sie den Topf 15 Minuten lang auf die höchste Stufe; fügen Sie Cracker, Pita-Chips, Mandeln, getrocknete Ananasstücke und Paprikasauce hinzu. Beschichten Sie die Mischung großzügig mit Kochspray; den Mantel anziehen

2.Mit gemischten Kräutern und Gewürzen bestreuen. Werfen, um es gleichmäßig zu beschichten.

3.Entfernen Sie den Deckel vom Topf; anderthalb Stunden auf hoher Stufe kochen und alle 20 Minuten umrühren.

Eine Mischung aus Müsli- und Nuss-Snacks

(Fertig ca. 1 Stunde 30 Minuten | Für 16 Personen)

Zutaten

- 2 Tassen Haferflocken
- 3 Tassen Reismüsli
- 1 Tasse Sesamstangen
- 1 ½ Tassen Brezel Goldfisch
- 1 Tasse Walnüsse, gespalten
- 1 Tasse Mandeln
- 1 Tasse Pekannüsse
- 1/2 Tasse Kürbiskerne
- 1 Teelöffel Meersalz
- 1/2 TL Knoblauchpulver
- 1/4 Tasse Butter, geschmolzen
- 3 EL Worcestersauce
- 1 TL scharfe Paprikasoße

Anweisungen

1. Stellen Sie den Topf für etwa 15 Minuten auf die höchste Stufe. Fügen Sie Haferflocken, Reismüsli, Sesamstangen, Brezeln, Walnüsse, Mandeln, Pekannüsse und Kürbiskerne hinzu.

2. Die restlichen Zutaten über die Topfmischung träufeln.

3. Kochen Sie anderthalb Stunden lang auf hoher Stufe und rühren Sie alle 30 Minuten um.

Sommerliche Pizzasoße

(Fertig ca. 1 Stunde 30 Minuten | Für 12 Personen)

Zutaten

- 2 Tassen Mozzarella-Käse, zerkleinert
- 1 Pfund Schmelzkäse, gewürfelt
- 1/3 Tasse reife Oliven, in Scheiben geschnitten
- 1 ½ Tassen Pizzasauce
- 1 Esslöffel italienische Gewürzmischung
- 1 Tasse Salami, gehackt
- Dips: Tortillachips

Anweisungen

1. Den Mozzarella-Käse und den geschmolzenen Käse in den Topf geben. Abdecken und etwa 30 Minuten backen oder bis der Käse geschmolzen ist.
2. Restliche Zutaten außer Tortilla Chips unterrühren.
3. Abdecken und 1,5 Stunden garen. Mit Tortilla-Chips servieren.

Käsedip nach italienischer Art

(Fertig ca. 1 Stunde 30 Minuten | Für 12 Personen)

Zutaten

- 1 ½ Tassen Frischkäse
- 2 Tassen Mozzarella-Käse, zerkleinert
- 1/3 Tasse geröstete Paprika, gehackt
- 1 Tasse Pizzasauce
- 1/2 Tasse Tomatensaft
- 1 Teelöffel getrocknete Oreganoblätter
- 1 Teelöffel getrocknete Basilikumblätter
- 1 Tasse Peperoni, gehackt
- 1/3 Tasse Koriander, gehackt
- Karren: Selleriestangen

Anweisungen

1. Den Käse in den Topf geben. Abdecken und etwa 30 Minuten garen.
2. Die restlichen Zutaten, bis auf die Selleriestangen, unterrühren.
3. Abdecken und 1,5 Stunden garen. Mit Selleriestangen servieren.

Sauerkraut-Rindfleisch-Sauce

(Fertig in ca. 2 Stunden | Für 24 Portionen)

Zutaten

- 1 Tasse fettreduzierter scharfer Käse, gerieben
- 1 ½ Tassen Frischkäse
- 1 ½ Tassen Sauerkraut, abspülen und abtropfen lassen
- 1 Tasse mageres Corned Beef, zerkleinert
- 1/4 Tasse Thousand-Island-Dressing
- 1 EL Kümmel
- Koscheres Salz nach Geschmack
- Gemüsesticks, zur Dekoration

Anweisungen

1. Den scharfen Käse und den Frischkäse in den Topf geben.
2. Abdecken und etwa 30 Minuten backen.
3. Restliche Zutaten außer Gemüsesticks einrühren; abdecken und 1 ½ Stunden garen.
4. Mit Gemüsesticks servieren.

Warme Sauce aus getrocknetem Rindfleisch

(Fertig in ca. 2 Stunden | Für 24 Portionen)

Zutaten

- 1 ½ Tassen Frischkäse
- 1 Tasse fettreduzierte Mayonnaise
- 1/2 Tasse Frühlingszwiebel, gehackt
- 2-3 Knoblauchzehen, gehackt
- 4 ½ Unzen Beef Jerky, zerkleinert
- 1 Teelöffel Gewürzsalz

Anweisungen

1. Den Frischkäse in den Topf geben; Zugedeckt kochen, bis der Frischkäse geschmolzen ist, etwa 30 Minuten.

2. Fügen Sie dann die restlichen Zutaten hinzu und kochen Sie für 1-1,5 Stunden oder bis sie durchgeheizt sind.

3. Mit Grissini oder Knoblauchcrackern servieren.

Geröstete Paprika-Knoblauch-Sauce

(Fertig ca. 1 Stunde 30 Minuten | Für 24 Personen)

Zutaten
- 1/2 Ziegenkäse
- 1 ½ Pfund fettreduzierter Frischkäse, Raumtemperatur
- 1/2 Tasse geröstete Paprika, gehackt
- 3 EL gerösteter Knoblauch, gehackt
- 1/4 TL gemahlener schwarzer Pfeffer
- 1 TL geräuchertes Paprikapulver
- 1/4 TL Meersalz
- 3/4 Tasse Milch

Anweisungen
1. Gib alle Zutaten in deinen Topf.
2. Decken Sie den Topf mit einem Deckel ab; 1 bis 1,5 Stunden kochen.
3. Servieren Sie mit Ihren Lieblingsboxen.

Heißer Käse-Dip

(Fertig in ca. 2 Stunden 20 Minuten | Für 12 Personen)

Zutaten

- 1 Pfund Schmelzkäsemehl, gewürfelt
- 1 Dose (14 oz.) gewürfelte Tomaten mit grünen Chilis, abgetropft
- 2 mittelgroße gekochte Hähnchenbrust, gehackt
- 1/3 Tasse saure Sahne
- 1/4 Tasse Frühlingszwiebeln, gehackt
- 1 große Poblano-Paprika, gehackt
- Eine Prise schwarzer Pfeffer (optional)
- 1 Tasse Bohnen aus der Dose, gespült und abgetropft

Anweisungen

1. Alle Zutaten bis auf die Bohnen in einen Topf geben.
2. Etwa 2 Stunden bei starker Hitze köcheln lassen und gelegentlich umrühren.
3. Die abgetropften Bohnen unterrühren und weitere 20 Minuten garen. Mit Maistortillachips servieren.

Leckere Chilisauce

(Fertig in ca. 2 Stunden | Für 12 Personen)

Zutaten

- 2 kleine geröstete Jalapeño-Paprikaschoten, grob gehackt
- 1 Tasse geriebener fettarmer scharfer Käse
- 2 Tassen fettreduzierter Schmelzkäse, gerieben
- 1/3 Tasse Eiertomaten, gehackt
- 2-3 Knoblauchzehen
- 1/2 Tasse Frühlingszwiebel, gehackt
- 1/2 Teelöffel getrocknete Basilikumblätter
- 1/2 TL getrocknete Oreganoblätter
- 3 Esslöffel Milch

Anweisungen

1. Legen Sie den Käse in Ihren Topf; abdecken und backen, bis der Käse geschmolzen ist oder etwa 30 Minuten.
2. Fügen Sie die restlichen Zutaten hinzu.
3. Abdecken und kochen, bis es durchgeheizt ist oder etwa anderthalb Stunden.

Vorspeise mit drei Käsebohnen

(Fertig ca. 1 Stunde 30 Minuten | Für 16 Personen)

Zutaten
- 1 Tasse Provolone-Käse, gewürfelt
- 1 Tasse Frischkäse, Raumtemperatur
- 1/2 Tasse scharfer Blauschimmelkäse, gerieben
- 1/2 Tasse Mayonnaise
- 1 Tasse Bohnen aus der Dose, abgießen und abspülen
- 1 Dose grüne Chilis, gehackt
- 1 TL Tabascosauce
- 2-3 Knoblauchzehen, gehackt

Anweisungen
1. Mischen Sie alle Zutaten in Ihrem Topf.
2. Abdecken und 1 bis 1,5 Stunden auf hoher Stufe garen.
3. Mit Ihren Lieblingsboxen servieren und genießen!

Mexikanischer Queso Fundido

(Fertig in ca. 2 Stunden | Für 16 Personen)

Zutaten

- 1 ½ Tassen scharf geriebener Käse
- 1 Tasse fettreduzierter Schmelzkäse, gewürfelt
- 1/2 geröstete rote Paprika, gehackt
- 2/3 Tasse Milch
- 1 Tasse Chorizo-Wurst, gehackt
- 2 Teelöffel eingelegte Jalapeño-Chilis
- 16 Maistortillas, warm
- Gehackten Koriander hinzufügen
- Gehackter Schnittlauch zum Garnieren

Anweisungen

1. Käse in den Topf geben; Auf hoher Stufe backen, bis der Käse geschmolzen ist, etwa 30 Minuten.

2. Fügen Sie die restlichen Zutaten außer Tortillas, Koriander und Schnittlauch hinzu; abdecken und etwa anderthalb Stunden garen.

3. Die Mischung auf die Tortillas verteilen. Gehackten Koriander und Schnittlauch darüber streuen und aufrollen. Genießen!

Einfacher Meeresfrüchte-Dip

(Fertig in ca. 2 Stunden | Für 8 Personen)

Zutaten
- 1 Tasse scharfer Käse, gewürfelt
- 1 Tasse Frischkäse
- 3/4 Tasse Vollmilch
- 1 Tasse gekochte Garnelen, gehackt
- 1 Tasse gekochte Krabben, gewürfelt
- 1 TL rote Paprikaflocken
- 1/2 TL gemahlener schwarzer Pfeffer

Anweisungen
1. Käse in den Topf geben; mit einem Deckel abdecken; Stellen Sie den Topf auf niedrige Stufe und kochen Sie ihn etwa 30 Minuten lang.
2. Restliche Zutaten hinzufügen; abdecken und 1 ½ Stunden garen.
3. Mit Grissini, Crackern oder Gemüsesticks servieren.

Leckerer Lachsdip

(Fertig in ca. 2 Stunden | Für 16 Personen)

Zutaten

- 1 Tasse Frischkäse bei Raumtemperatur
- 1 Tasse Mayonnaise
- 1 TL Dijon-Senf
- 1 Dose (14 oz) Artischockenherzen, abgetropft und gehackt
- 1 ½ Tassen Dosenlachs
- 1 Esslöffel Zitrone
- 1/2 Tasse Monterey Jack-Käse, gerieben
- 4 Tropfen scharfe Paprikasauce
- Zitronenscheiben, zur Dekoration

Anweisungen

1. Gib alle Zutaten in deinen Topf.
2. Zugedeckt 2 Stunden auf hoher Stufe langsam garen.
3. Mit Zitronenscheiben garnieren; mit Saucen wie Paprikastreifen oder gedünstetem Spargel servieren.

Romantisches Käsefondue

(Fertig in ca. 1 Stunde | Für 12 Personen)

Zutaten

- 2 Tassen Schweizer Käse, gerieben
- 1 Esslöffel Allzweckmehl
- 1 Tasse Frischkäse, Raumtemperatur
- 3 Esslöffel Milch
- 3/4 Tasse Apfelsaft
- 1/2 Teelöffel Pfeffer
- 1/2 Teelöffel Paprika
- 1-2 Knoblauchzehen, gehackt

Anweisungen

1. Den Schweizer Käse mit dem Mehl mischen.

2. Kombinieren Sie Schweizer Käse, Frischkäse, Milch, Apfelsaft, Piment, Paprika und Knoblauch in einem Topf.

3. Zugedeckt 1 bis 1,5 Stunden garen. Mit Grissini oder Paprikastreifen servieren und genießen.

Honig-Party-Flügel

(Fertig in ca. 7 Stunden | Für 10 Personen)

Zutaten

- 3 Pfund Hühnerflügel
- 1/4 Tasse Tamari-Sauce
- 1/4 Tasse Honig
- 1/2 Teelöffel Selleriesalz
- 1/2 TL gemahlener schwarzer Pfeffer
- 2 EL Chilisauce
- 1/2 TL Zwiebelpulver
- 1/2 TL Knoblauchpulver

Anweisungen

1. Legen Sie die Flügel in den Topf.
2. Die restlichen Zutaten in einer kleinen Schüssel verquirlen. Gießen Sie diese Sauce über die Flügel; zieh es gut an.
3. 7 Stunden bei schwacher Hitze garen.

Partytaugliches Fondue

(Fertig in ca. 4 Stunden | Für 12 Personen)

Zutaten

- 2 Knoblauchzehen, halbiert
- 2 Tassen Milch
- 1 Tasse prickelnder weißer Traubensaft
- Ein paar Tropfen Tabasco-Sauce
- 1/4 Tasse Allzweckmehl
- 1 Teelöffel Zwiebelpulver
- 1 Teelöffel Senfkörner
- 1/2 Teelöffel Paprika
- 4 Tassen scharfer Käse, gewürfelt
- 4 Tassen halbfester Käse, gewürfelt

Anweisungen

1. Reiben Sie die Innenseite des Topfes mit Knoblauch ein.

2. Milch, prickelnden Traubensaft und Tabasco-Sauce in den Topf geben.

3. Die restlichen Zutaten in einen großen Druckverschlussbeutel geben. Dann schütteln, um sich gut zu vermischen. Gehen Sie zum Topf.

4. Abdecken und bei schwacher Hitze kochen, bis es durchgeheizt ist oder 4 Stunden.

5. Mit gebratenem Spargel oder Gurkenscheiben servieren.

Frikadellen mit Johannisbeergelee

(Fertig in ca. 6 Stunden | Für 8 Personen)

Zutaten

- 2 EL Olivenöl
- 2 Pfund vorgekochte Fleischbällchen, gefroren
- 1 Tasse rotes Johannisbeergelee
- 1 (12 oz) Dose Chilisauce

Anweisungen

1. Olivenöl in die Tüte Fleischbällchen geben; Zieh den Mantel an, so gut du kannst. Gehen Sie zum Topf. Abdecken und 4 Stunden auf hoher Stufe garen.

2. In einem Messbecher oder einer Rührschüssel die Chilisauce mit dem Johannisbeergelee verrühren. In einem Wok über die Frikadellen gießen.

3. Zugedeckt bei schwacher Hitze 2 Stunden garen.

Jalapeño-Mais-Käse-Dip

(Fertig in ca. 2 Stunden | Für 6 Personen)

Zutaten

- 4 Scheiben Speck, gehackt
- 6 Tassen Vollkornmais aus der Dose, abgetropft
- 2 Jalapeños, entkernt und gewürfelt
- 1 Tasse Schweizer Käse, gerieben
- 1/2 Tasse saure Sahne
- 1 Tasse Frischkäse, gewürfelt
- 1/4 Tasse geriebener Parmesankäse
- 1/2 TL gemahlener schwarzer Pfeffer
- Nach Geschmack salzen
- 1 gehäufter Esslöffel Koriander, gehackt

Anweisungen

1. Den Speck in einer gusseisernen Pfanne etwa 8 Minuten anbraten. Abgießen und beiseite stellen.

2. Mais, Jalapeños, Schweizer Käse, Sauerrahm, Frischkäse und Parmesan in einen Topf geben.

3. Mit schwarzem Pfeffer und Salz würzen. Zugedeckt bei schwacher Hitze 2 Stunden garen. Mit gehacktem Koriander bestreuen.

4. Mit Paprikastreifen oder Selleriestangen servieren.

Picante-Bohnen-Dip

(Fertig in ca. 2 Stunden | Für 12 Personen)

Zutaten

- 1 Tasse Picante-Sauce
- 4 Tassen Bohnenmus
- 2 Tassen Cheddar-Käse, gerieben
- 1/4 frische Petersilie, gehackt
- 1/2 Tasse Schalotten, gehackt

Anweisungen

1. Gib alle Zutaten in deinen Topf.
2. Bei schwacher Hitze unter dem Deckel 2 Stunden köcheln lassen.
3. Mit Gurkenscheiben oder Babykarotten servieren.

Leckere Tomaten Frikadellen

(Fertig in ca. 4 Stunden | Für 8 Personen)

Zutaten

- 2 Pfund Kalbfleisch, grob gemahlen
- 1 Knoblauchzehe, zerdrückt
- 1/4 Pfund Mozzarella-Käse, gerieben
- 3 Eier, leicht geschlagen
- 1 Esslöffel Cayennepfeffer
- 1/2 gemahlener schwarzer Pfeffer
- 1 Teelöffel Salz
- 1 Teelöffel getrocknete Oreganoblätter
- 1 Tasse Semmelbrösel
- 1/2 Tasse Vollmilch
- 2 EL Olivenöl
- 2 Tomaten, gehackt
- 1 Tasse Tomatensaft

Anweisungen

1. Alle Zutaten außer Tomaten und Tomatensaft in einer großen Rührschüssel vermengen.

2. Masse zu ¾-Zoll-Kugeln formen.

3. Das Olivenöl in einem Topf bei mittlerer Hitze erhitzen. Frikadellen etwa 10 Minuten braten.

4. Legen Sie die gebratenen Fleischbällchen in die Pfanne.

5. Gießen Sie die Tomaten und den Tomatensaft über die Fleischbällchen im Topf.

6. Zugedeckt 3 bis 4 Stunden langsam garen. Auf eine Servierplatte geben und mit Spießen servieren!

Putenfleischbällchen mit Paprikasoße

(Fertig in ca. 6 Stunden | Für 6 Portionen)

Zutaten

- 12 gefrorene Putenfleischbällchen, aufgetaut
- 1 Teelöffel Olivenöl
- 1/2 Tasse Frühlingszwiebel, gehackt
- 2-3 Knoblauchzehen, gehackt
- 1 Selleriestange, gehackt
- 1 Karotte, gehackt
- 4 Tassen Dosentomaten, zerdrückt
- 2 EL Tomatenmark
- 1/2 Teelöffel koscheres Salz
- 1/2 TL gemahlener schwarzer Pfeffer
- 1 Teelöffel getrocknete Oreganoblätter
- 1 Teelöffel getrocknete Thymianblätter
- 1 Teelöffel Paprika

Anweisungen

1. Legen Sie die Fleischbällchen in den Topf.

2. Zubereitung der Soße: Olivenöl in einer großen beschichteten Pfanne erhitzen. Zwiebel, Knoblauch, Sellerie und Karotte anbraten, bis das Gemüse weich wird.

3. Fügen Sie die restlichen Zutaten hinzu und kochen Sie bei mittlerer Hitze weiter, bis der größte Teil der Flüssigkeit verdampft ist.

4. Die vorbereitete Soße über die Frikadellen im Wok gießen. Bei schwacher Hitze etwa 6 Stunden langsam garen.

5. Mit Mini-Pumpernickel servieren.

In Bier geschmorte Fleischbällchen

(Fertig in ca. 7 Stunden | Für 10 Personen)

Zutaten

- 2 mittelgroße gelbe Zwiebeln, fein gehackt
- 1 (16 oz.) Packung gefrorene Fleischbällchen
- 1 (12 oz) Dose alkoholfreies Bier
- 1 Tasse Tomatenmark
- 1/2 Tasse Chilisauce
- Salz, nach Geschmack
- Gemahlener schwarzer Pfeffer, nach Geschmack
- 1 Teelöffel getrockneter Estragon
- 1/4 Tasse Gurkenrelish

Anweisungen

1. Legen Sie die Zwiebeln in den Topf; fügen Sie die Fleischbällchen hinzu.

2. Kombinieren Sie die restlichen Zutaten in einer Rührschüssel oder einem Messbecher; in den Topf gießen.

3. Zugedeckt etwa 7 Stunden auf niedriger Stufe garen. Nach Belieben mit Mini-Pumpernickel und Senf servieren.

Franks bitterer Cocktail

(Fertig in ca. 4 Stunden | Für 8 Personen)

Zutaten
- 1/4 Tasse Tomatensauce
- 2 Esslöffel Apfelsaft
- 2/3 Tasse Aprikosenkonfitüre
- 2 Esslöffel Apfelessig
- 3 Knoblauchzehen, gehackt
- 1 Schalotte, gehackt
- 1/3 Tasse Hühnerbrühe
- 2 Esslöffel Sojasauce
- 1/4 Teelöffel Cayennepfeffer
- 1/4 TL schwarzer Pfeffer
- 2 Pfund Mini-Cocktail-Frankfurter

Anweisungen
1. Kombinieren Sie alle Zutaten in einem Topf, außer den Franken; gut mischen. Dann die Franken hinzufügen.
2. Abdecken und 3-4 Stunden auf hoher Stufe garen.
3. Mit Zahnstochern servieren, mit Senf garnieren.

Hähnchen mit Nudeln, Slow Cooker

ZUTATEN

- 2 Teelöffel Hühnerbrühe-Granulat oder Basis
- 1 Esslöffel gehackte frische Petersilie
- 3/4 Teelöffel Geflügelgewürz
- 1/3 Tasse. gewürfelter kanadischer Speck oder geräucherter Schinken
- 2-3 Karotten in dünne Scheiben schneiden
- 2 Selleriestangen in dünne Scheiben geschnitten
- 1 kleine Zwiebel in dünne Scheiben geschnitten
- 1/4 Tasse. Wasser
- 1 Brathähnchen (ca. 3 Pfund), zerkleinert
- 1 (10 3/4 oz.) Cheddar-Käsesuppe aus der Dose
- 1 Esslöffel Allzweckmehl
- 1 (16 oz.) Pkg. breite Eiernudeln, gekocht und abgetropft
- 2 EL geschnittener Piment
- 2 Esslöffel geriebener Parmesankäse

VORBEREITUNG

1. Mischen Sie in einer kleinen Schüssel Hühnerbrühe oder Brühe, gehackte Petersilie und Geflügelgewürz; zur Seite legen.

2. Schichten Sie den kanadischen Speck oder Schinken, die Karotten, den Sellerie und die Zwiebel in den Slow Cooker. Wasser hinzufügen.

3. Entfernen Sie die Haut und überschüssiges Fett vom Huhn; spülen und trocknen. Legen Sie die Hälfte des Hähnchens in den Slow Cooker. Mit der Hälfte der beiseitegelegten Gewürzmischung bestreuen. Mit dem restlichen Hähnchen belegen und mit der restlichen Gewürzmischung bestreuen.

4. Suppe und Mehl vermischen und über das Huhn geben; Bitte nicht stören.

5. Abdecken und 3 bis 3 1/2 Stunden auf HOCH oder 6 bis 8 Stunden auf NIEDRIG kochen oder bis das Hähnchen weich ist und der Saft vom Knochen abläuft und das Gemüse weich ist.

6. Legen Sie heiße gekochte Nudeln in eine flache, 2 bis 2 1/2 Liter große, grillfeste Servierschüssel. Das Hähnchen auf den Nudeln verteilen. Rühren Sie die Suppenmischung und das Gemüse im Topf um, bis sie sich verbunden haben. Das Gemüse und etwas Flüssigkeit über das Hähnchen geben. Mit geschnittenem Pimiento und Parmesankäse bestreuen.

7. Grillen Sie 4-6 Zoll von der Wärmequelle für 5-8 Minuten oder bis sie leicht gebräunt sind.

8. Nach Belieben mit einem Zweig Petersilie garnieren.

9. Alpenhuhn-Rezept Für 4-6 Personen.

Huhn mit Zwiebeln

ZUTATEN

- 4 große Zwiebeln in dünne Scheiben geschnitten
- 5 Knoblauchzehen, gehackt
- 1/4 Tasse Zitronensaft
- 1 Teelöffel Salz
- 1/4 Teelöffel Cayennepfeffer (oder mehr, wenn Sie möchten)
- 4-6 gefrorene Hähnchenbrust ohne Knochen, kein Auftauen erforderlich
- heißer gekochter Reis

VORBEREITUNG

1. Geben Sie alle Zutaten außer Reis in den Crock Pot. Gut mischen. 4-6 Stunden auf niedriger Stufe garen oder bis das Hähnchen durchgegart und noch zart ist.

2. Auf Reis servieren.

Hähnchen mit Petersilienknödel

ZUTATEN

- 4-6 Hähnchenbrusthälften, Haut entfernt

- 1 Tropfen Salz, Pfeffer, getrocknete Thymianblätter, gemahlener Majoran und Paprika

- 1 große Zwiebel, in Scheiben geschnitten, halbiert

- 2 Lauch, in Scheiben geschnitten

- 4 Karotten, in große Stücke geschnitten

- 1 Knoblauchzehe, gehackt

- 1 Tasse Hühnerbrühe

- 1 Esslöffel Maisstärke

- 1 Dose (10 3/4 oz.) kondensierte Hühnercremesuppe

- 1/2 Tasse trockener Weißwein

- Knödel

- 1 Tasse Bisquit

- 8 Esslöffel Milch

- 1 Teelöffel getrocknete Petersilienflocken

- ein bisschen Salz

- eine Prise Pfeffer

- eine Prise Paprika

VORBEREITUNG

1. Das Huhn mit Salz, Pfeffer, Thymian, Majoran und Paprika bestreuen. Legen Sie die Zwiebelscheiben, den Lauch und die Karotte auf den Boden des Topfes. Das Hähnchen auf dem Gemüse verteilen. Den gehackten Knoblauch über das Hähnchen streuen, dann die restlichen Zwiebelscheiben darauf legen. 1 Esslöffel Maisstärke in 1 Tasse Hühnerbrühe auflösen, dann die Hühnersuppe und den Wein einrühren. Kochen Sie etwa 3 Stunden lang auf HIGH oder etwa 6 Stunden lang auf LOW (wenn Sie auf Low kochen, drehen Sie auf HIGH, wenn Sie Knödel hinzufügen).

2. Das Huhn sollte weich, aber nicht trocken sein.

3. **Knödel:** Mischen Sie 1 Tasse Kekse, etwa 8 Esslöffel Milch, Petersilie, Salz, Pfeffer und Paprika; Bällchen formen und in den letzten 35-45 Minuten der Garzeit auf die Hähnchenmischung legen.

4. Für 4-6 Portionen.

Hähnchen mit Perlzwiebeln und Champignons

ZUTATEN

- 4 bis 6 Hähnchenbrusthälften ohne Knochen, in 2,5 cm große Stücke geschnitten

- 1 Dose (10 3/4 oz.) Hühnercremesuppe oder Hühnercremesuppe mit Pilzen

- 8 Unzen geschnittene Pilze

- 1 Beutel (16 Unzen) gefrorene Perlzwiebeln

- Salz und Pfeffer nach Geschmack

- Petersilie, gehackt, zur Dekoration

VORBEREITUNG

1. Hähnchen waschen und trocken tupfen. In etwa 1/2- bis 1-Zoll-Stücke schneiden und in eine große Schüssel geben. Fügen Sie Suppe, Pilze und Zwiebeln hinzu; zusammen mischen. Sprühen Sie den Slow Cooker-Einsatz mit Kochspray ein.

2. Die Hühnermischung in den Topf geben und mit Salz und Pfeffer bestreuen.

3. Zugedeckt bei schwacher Hitze 6-8 Stunden garen, dabei nach Möglichkeit etwa nach der Hälfte der Garzeit umrühren.

4. Nach Belieben mit frisch gehackter Petersilie garnieren und mit heißem gekochtem Reis oder Kartoffeln servieren.

5. Für 4-6 Portionen.

Hähnchen mit Ananas

ZUTATEN

- 1 bis 1 1/2 Pfund Huhn, in 1-Zoll-Stücke geschnitten
- 2/3 Tasse Ananaskonserven
- 1 Esslöffel plus 1 Teelöffel Teriyaki-Sauce
- 2 dünn geschnittene Knoblauchzehen
- 1 Esslöffel getrocknete gehackte Zwiebel (oder 1 Bund frische Frühlingszwiebel, gehackt)
- 1 Esslöffel Zitronensaft
- 1/2 TL gemahlener Ingwer
- ein Tropfen Cayennepfeffer nach Geschmack
- 1 Packung (10 Unzen) aufgetaute Zuckerschoten

VORBEREITUNG

1. Legen Sie die Hähnchenteile in den Schongarer/Topf.

2. Kombinieren Sie Konserven, Teriyaki-Sauce, Knoblauch, Zwiebel, Zitronensaft, Ingwer und Cayennepfeffer; gründlich mischen. Über das Hähnchen geben, schwenken.

3. Abdecken und bei schwacher Hitze 6-7 Stunden garen. In den letzten 30 Minuten die Erbsen dazugeben.

4. Dient 4.

Hühnchen und Reis Auflauf

ZUTATEN

- 4-6 große Hähnchenbrust, ohne Knochen, mit Haut
- 1 Dose Hühnercremesuppe
- 1 Dose Selleriesuppe
- 1 Dose Pilzsuppe
- 1/2 Tasse gewürfelter Sellerie
- 1 bis 1 1/2 Tassen modifizierter Reis

VORBEREITUNG

1. Kombinieren Sie 3 Dosen Suppe und Reis in einem Slow Cooker. Legen Sie das Huhn auf die Mischung und fügen Sie dann die Selleriewürfel hinzu. 3 Stunden auf hoher Stufe oder 6-7 Stunden auf niedriger Stufe backen.

2. Ergibt 4 bis 6 Portionen.

Chili-Huhn

ZUTATEN

- 6 Hähnchenbrusthälften ohne Knochen, in 2,5 cm große Stücke geschnitten
- 1 Tasse gehackte Zwiebel
- 1 Tasse gehackter Paprika
- 2 Knoblauchzehen
- 2 EL. Pflanzenöl
- 2 Dosen mexikanische geschmorte Tomaten (ca. 15 Unzen)
- 1 Dose Chilischoten
- 2/3 Tasse Picante-Sauce
- 1 Teelöffel. Chilipulver
- 1 Teelöffel. Kümmel
- 1/2 Teelöffel. Salz

VORBEREITUNG

1.
Hühnchen, Zwiebel, Paprika und Knoblauch in Pflanzenöl anbraten, bis das Gemüse welk ist. Transfer zum Slow Cooker; restliche Zutaten hinzufügen. Abdecken und 4-6 Stunden auf NIEDRIG garen. Mit Reis servieren.

2. Für 4-6 Portionen.

Hähnchen und Gemüse nach chinesischer Art

ZUTATEN

- 1 bis 1 1/2 Pfund Hähnchenbrust ohne Knochen
- 2 Tassen grob gehackter Kohl
- 1 mittelgroße Zwiebel, in große Stücke geschnitten
- 1 mittelgroße rote Paprika, in große Stücke geschnitten
- 1 Päckchen Kikkoman Geflügelsalatgewürz
- 1 Esslöffel Rotweinessig
- 2 Teelöffel Honig
- 1 Esslöffel Sojasauce
- 1 Tasse gefrorenes gemischtes orientalisches Gemüse
- 2 Esslöffel Maisstärke
- 1 Esslöffel kaltes Wasser

VORBEREITUNG

1. Schneiden Sie das Huhn in 1 1/2-Zoll-Stücke. Die ersten 8 Zutaten in den Slow Cooker geben; gut mischen. Zugedeckt bei schwacher Hitze 5-7 Stunden garen. Mischen Sie Maisstärke und kaltes Wasser zusammen; Mit Gemüse belegen und weitere 30-45 Minuten garen, bis das Gemüse weich ist.

2. Für 4-6 Portionen.

Cornish Game Hens mit Reis

ZUTATEN

- 2 Hühner aus Cornwall

- 1/2 Tasse Hühnerbrühe

- Salz und Zitronenpfeffer nach Geschmack

- heißer gekochter Reis

VORBEREITUNG

1. Legen Sie die Cornish-Hühner in den Slow Cooker (falls gewünscht, braten Sie die Hühner vorher in einer leicht gefetteten Pfanne an). Fügen Sie die Hühnerbrühe hinzu. Das Huhn mit Salz und Zitronenpfeffer bestreuen. 7-9 Stunden auf niedriger Stufe garen. Hühner entfernen und Fett abschöpfen; Die Säfte mit einer Mischung aus 1 1/2 EL Maisstärke und 1 EL kaltem Wasser andicken. Mit heißem gekochtem Reis servieren. 2 dient.

Cornish-Hühner mit Rosinensoße

ZUTATEN

- 1 Packung (6 oz.) Füllungsmischung, wie angegeben zubereitet
- 4 Hühner aus Cornwall
- Salz und Pfeffer
- .
- Rosinensoße
- 1 Glas (10 oz) Johannisbeergelee
- 1/2 Tasse Rosinen
- 1/4 Tasse Butter
- 1 Esslöffel Zitronensaft
- 1/4 TL Piment

VORBEREITUNG

1. Füllen Sie die Hühner mit der vorbereiteten Füllung; mit Salz und Pfeffer bestreuen. Legen Sie ein Stück Treibholz oder ein zerknülltes Stück Alufolie in den Schongarer, damit die Hühner nicht in den Säften sitzen. Wenn Sie einen tiefen, schmalen Topf verwenden, platzieren Sie die Cornish-Hühner mit dem Hals nach unten. Kombinieren Sie in einem 1-Liter-Topf das Gelee, die Rosinen, die Butter, den Zitronensaft und den Piment. Bei schwacher Hitze unter Rühren zum Kochen bringen. Etwas von der Soße über die Hähnchen im Hähnchentopf streichen.

2. Bewahren Sie die restliche Sauce bis zum Servieren im Kühlschrank auf. Decken Sie es ab und kochen Sie es 5-7 Stunden lang auf NIEDRIG. Waschen Sie es etwa eine Stunde vorher einmal. Den Rest der Sauce zum Kochen bringen und beim Servieren über das Hähnchen geben.

3. Ergibt 4 Portionen.

Hähnchenbrust des Nationalkapitäns

ZUTATEN

- 2 mittelgroße Granny-Smith-Äpfel, entkernt und gewürfelt (ungeschält)
- 1/4 Tasse fein gehackte Zwiebel
- 1 kleine grüne Paprika, entkernt und fein gehackt
- 3 Knoblauchzehen, gehackt
- 2 Esslöffel Rosinen oder Johannisbeeren
- 2-3 Teelöffel Currypulver
- 1 Teelöffel gemahlener Ingwer
- 1/4 TL gemahlener roter Pfeffer oder nach Geschmack
- 1 Dose (ca. 14 1/2 Unzen) gewürfelte Tomaten
- 6 Hähnchenbrusthälften ohne Knochen, ohne Haut
- 1/2 Tasse Hühnerbrühe
- 1 Tasse langkörniger modifizierter weißer Reis
- 1 Pfund mittelgroße bis große Garnelen, geschält und entdarmt, ungekocht, optional
- 1/3 Tasse geschnittene Mandeln
- koscheres Salz
- Gehackte Petersilie

VORBEREITUNG

1. Mischen Sie in einem 4- bis 6-Liter-Slow Cooker gewürfelte Äpfel, Zwiebeln, Paprika, Knoblauch, goldene Rosinen oder Johannisbeeren, Currypulver, Ingwer und gemahlenen roten Pfeffer; Tomaten unterrühren.

2. Legen Sie das Hähnchen auf die Tomatenmischung und lassen Sie die Stücke leicht überlappen. Die Hühnerbrühe über die Hähnchenbrusthälften gießen. Abdecken und auf NIEDRIG garen, bis das Hähnchen sehr zart ist, wenn es mit einer Gabel durchstochen wird, etwa 4-6 Stunden.

3. Legen Sie das Hähnchen auf einen warmen Teller, decken Sie es leicht ab und halten Sie es in einem Ofen oder einer Wärmeschublade bei 200 °F warm.

4. Mischen Sie den Reis mit der Kochflüssigkeit. Erhöhen Sie die Temperatur auf hoch; abdecken und unter ein- oder zweimaligem Rühren kochen, bis der Reis fast weich ist, etwa 35 Minuten. Garnelen einrühren, falls verwendet; zudecken und etwa 15 Minuten länger garen, bis die Garnelen in der Mitte undurchsichtig sind; zum testen geschnitten.

5. In der Zwischenzeit die Mandeln in einer kleinen beschichteten Pfanne bei mittlerer Hitze unter gelegentlichem Rühren goldbraun rösten. Beiseite legen.

6. Zum Servieren die Reismischung mit Salz abschmecken. Hügel in einer warmen Servierschüssel; Hähnchen darauf legen. Mit Petersilie und Mandeln bestreuen.

Hackfleisch und Pilze

ZUTATEN

- 1 Dose Erdsoße
- 4-6 Hähnchenbrust
- 8 Unzen geschnittene Pilze
- Salz und Pfeffer nach Geschmack

VORBEREITUNG

1. Mischen Sie alle Zutaten zusammen; abdecken und bei schwacher Hitze 6-7 Stunden garen. Mit Reis oder Nudeln servieren.

2. Für 4-6 Portionen.

Country Club-Huhn

ZUTATEN

- 5 Äpfel, geschält, entkernt und gehackt
- 6-8 Frühlingszwiebeln mit Gemüse, in Scheiben geschnitten
- 1 Pfund Hähnchenschenkel, ohne Knochen, Haut, alles Fett entfernt, in 2-Zoll-Würfel geschnitten
- 6 bis 8 Unzen geschnittener Schweizer Käse
- 1 Dose (10 1/2 oz) Hühnercremesuppe, gut gemischt mit 1/4 Tasse Milch
- 1 Schachtel (6 oz) Pepperidge Farm-Füllung mit Äpfeln und Rosinen oder verwenden Sie Ihre Lieblings-Füllungsmischung
- 1/4 Tasse geschmolzene Butter
- 3/4 Tasse Apfelsaft

VORBEREITUNG

1. Geben Sie die Zutaten in der oben angegebenen Reihenfolge in einen 3-1/2- bis 5-Liter-Slow Cooker. Gießen Sie die Suppenmischung auf die Käseschicht oder auf die Füllung und träufeln Sie zum Schluss den Apfelsaft darüber, achten Sie darauf, dass die Flüssigkeit das ganze Brot benetzt.

2. Abdecken und 1 Stunde lang auf HIGH und weitere 4 bis 5 Stunden auf LOW garen.

3. Anmerkung von Rose-Marie:

4. Wir haben es ohne alles gegessen, aber da es eine wunderbare Sauce ergibt und die Füllung irgendwie im Gericht verloren geht, empfehle ich, es mit einfachem Reis zu servieren.

Cranberry-Huhn

ZUTATEN

- 4-6 Hähnchenbrusthälften ohne Knochen, ohne Haut
- 1 Dose ganze Preiselbeersauce
- 2/3 Tasse Chilisauce
- 2 Esslöffel Apfelessig
- 2 EL brauner Zucker
- 1 Packung trockene (Lipton) goldene Zwiebelsuppenmischung

VORBEREITUNG

1. Legen Sie die Hähnchenbrust in den Schongarer/Topf. Kombinieren Sie die restlichen Zutaten; in den Slow Cooker/Crock Pot geben und das Hähnchen gut abdecken. Zugedeckt 6-8 Stunden auf niedriger Stufe garen.

2. Für 4-6 Portionen.

Cranberry-Huhn II

ZUTATEN

- 2 Pfund Hühnerbrust ohne Knochen, ohne Haut
- 1/2 Tasse gehackte Zwiebel
- 2 Teelöffel Pflanzenöl
- 2 Teelöffel Salz
- 1/2 Teelöffel gemahlener Zimt
- 1/4 TL gemahlener Ingwer
- 1/8 Teelöffel gemahlene Muskatnuss
- gemahlener Piment
- 1 Tasse Orangensaft
- 2 Teelöffel fein geriebene Orangenschale
- 2 Tassen frische oder gefrorene Preiselbeeren
- 1/4 Tasse brauner Zucker

VORBEREITUNG

1. Hähnchenteile und Zwiebel in Öl anbraten; mit Salz bestreuen.

2. Das angebratene Hähnchen, die Zwiebel und andere Zutaten in den Topf geben.

3. Abdecken und 5 1/2 bis 7 Stunden auf NIEDRIG garen.

4. Nach Belieben den Saft am Ende der Garzeit mit einer Mischung aus ca. 2 EL Speisestärke und 2 EL kaltem Wasser andicken.

Frischkäse-Huhn

ZUTATEN

- 3 bis 3 1/2 Pfund Hühnerteile
- 2 Esslöffel geschmolzene Butter
- Salz und Pfeffer nach Geschmack
- 2 Esslöffel trockenes italienisches Salatdressing
- 1 Dose (10 3/4 oz.) Pilzsuppe
- 8 Unzen Frischkäse, gewürfelt
- 1/2 Tasse trockener Weißwein
- 1 Esslöffel gehackte Zwiebel

VORBEREITUNG

1. Das Hähnchen mit Butter bestreichen und mit Salz und Pfeffer bestreuen. Langsam kochen lassen und die trockene Saucenmischung über alles streuen.

2. Abdecken und 6-7 Stunden auf niedriger Stufe garen oder bis das Hähnchen weich und durchgegart ist.

3. Etwa 45 Minuten vor Ende Suppe, Frischkäse, Wein und Zwiebel in einem kleinen Topf verrühren. Kochen, bis es sprudelnd und glatt ist.

4. Über das Hähnchen gießen und zugedeckt weitere 30-45 Minuten garen.

5. Das Huhn mit der Sauce servieren.

6. Für 4-6 Portionen.

Cremiges Huhn und Artischocke

ZUTATEN

- 2-3 Tassen gekochtes, gewürfeltes Hähnchen
- 2 Tassen gefrorene Artischockenviertel oder 1 Dose (ca. 15 Unzen), abgetropft
- 2 Unzen gehackter Piment, abgetropft
- 1 Dose (16 Unzen) Alfredo-Sauce
- 1 Teelöffel Hühnerbrühe oder Brühe
- 1/2 Teelöffel getrocknetes Basilikum
- 1/2 Teelöffel Knoblauchgranulat oder -pulver
- 1 Teelöffel getrocknete Petersilie, falls gewünscht
- Salz und Pfeffer nach Geschmack
- 8 Unzen Spaghetti, gekocht und abgetropft, optional

VORBEREITUNG

1. Ich pochiere etwa ein halbes Kilo Hähnchen in etwas mit Zitrone und Knoblauch gewürztem Wasser, man kann aber auch gekochte Hähnchenbrust oder Hähnchenreste verwenden. Kombinieren Sie alle Zutaten in einem Topf; abdecken und 4-6 Stunden auf niedriger Stufe garen. Heiß gekochte Nudeln einrühren oder als Soße für Reis oder Nudeln verwenden. Dieses Rezept für Hühnchen und Artischocken aus dem Slow Cooker reicht für 4-6 Personen.

Cremiges italienisches Huhn

ZUTATEN

- 4 Hähnchenbrusthälften ohne Haut und ohne Knochen
- 1 Umschlag italienische Salatdressing-Mischung
- 1/3 Tasse Wasser
- 1 Paket (8 Unzen) Frischkäse, aufgeweicht
- 1 Dose (10 3/4 oz.) kondensierte Hühnersuppe, unverdünnt
- 1 Dose (4 oz) Pilzstiele und -stücke, abgetropft
- Heiß gekochter Reis oder Nudeln

VORBEREITUNG

1. Legen Sie die Hähnchenbrusthälften in den Schongarer. Salatdressing-Mischung und Wasser mischen; über das Hähnchen gießen. Abdecken und 3 Stunden auf NIEDRIG garen. In einer kleinen Rührschüssel Frischkäse und Suppe verquirlen, bis alles gut vermischt ist. Pilze unterrühren. Gießen Sie die Frischkäsemischung über das Huhn. Backen Sie 1-3 Stunden länger oder

bis die Hühnersäfte klar sind. Servieren Sie das italienische Huhn mit Reis oder heißen gekochten Nudeln.

2. dient 4.

Kreolisches Huhn

ZUTATEN

- 1 Brathähnchen, gehackt, etwa 3 Pfund Hähnchenstücke
- 1 grüne Paprika, gehackt
- 6 Frühlingszwiebeln, etwa 1 Bund, gehackt
- 1 Dose (14,5 Unzen) Tomaten, nicht sonnengetrocknet, gehackt
- 1 Dose (6 oz) Tomatenmark
- 4 Unzen gewürfelter Schinken
- 1 Teelöffel Salz
- mehrere Tropfen abgefüllter Paprikasoße, wie zB Tabasco
- 1/2 Pfund geschnittene geräucherte Wurst, Andouille, Kielbasa usw.
- 3 Tassen gekochter Reis

VORBEREITUNG

1. In einem Slow Cooker Hähnchen, Paprika, Zwiebel, Tomaten, Tomatenmark, Schinken, Salz und Pfeffersauce mischen.

2. Abdecken und bei schwacher Hitze 6 Stunden garen. Drehen Sie den Regler auf hoch und fügen Sie Wurst und gekochten Reis hinzu. Abdecken und 20 Minuten länger auf hoher Stufe garen.

Kreolisches Huhn mit Wurst

ZUTATEN

- 1 1/2 Pfund Hähnchenschenkel ohne Knochen, in Stücke geschnitten
- 12 Unzen geräucherte Andouille-Wurst, in 1- bis 2-Zoll-Längen geschnitten
- 1 Tasse gehackte Zwiebel
- 3/4 Tasse Hühnerbrühe oder Wasser
- 1 Dose (14,5 Unzen) gewürfelte Tomaten
- 1 Dose (6 oz) Tomatenmark
- 2 Teelöffel Cajun- oder kreolische Gewürze
- etwas Cayennepfeffer nach Geschmack
- 1 grüne Paprika, gehackt
- Salz und Pfeffer nach Geschmack
- heißer gekochter weißer oder brauner Reis oder gekochte abgetropfte Spaghetti

VORBEREITUNG

1. In einem Slow Cooker Hähnchenschenkel, Andouille-Wurststücke, gehackte Zwiebel, Brühe oder Wasser, Tomaten (mit Saft), Tomatenmark, kreolische Gewürze und Cayennepfeffer mischen.

2. Decken Sie die Hähnchen-Wurst-Mischung ab und kochen Sie sie 6-7 Stunden lang auf niedriger Stufe. Fügen Sie die gehackte grüne Paprika etwa eine Stunde, bevor das Gericht fertig ist, hinzu. Abschmecken und nach Bedarf Salz und Pfeffer hinzufügen.

3. Servieren Sie dieses köstliche Hähnchen- und Wurstgericht mit heißem gekochtem Reis oder servieren Sie es mit Spaghetti oder Engelshaarnudeln.

4. Aufschlag 6.

Crock Pot Hähnchen und Artischocken

ZUTATEN

- 3 Pfund Hähnchenstücke, gebraten, zerkleinert
- Salz nach Geschmack
- 1/2 Teelöffel Pfeffer
- 1/2 Teelöffel Paprika
- 1 Esslöffel Butter
- 2 Dosen marinierte Artischocken, Herzen; Marinade reservieren
- 1 Dose (4 oz) Champignons, abgetropft
- 2 Esslöffel Schnellkoch-Tapioka
- 1/2 Tasse Hühnerbrühe
- 3 Esslöffel trockener Sherry oder mehr Hühnerbrühe
- 1/2 Teelöffel getrockneter Estragon

VORBEREITUNG

1. Hähnchen waschen und trocken tupfen. Das Hähnchen mit Salz, Pfeffer und Paprika würzen. Hühnchen in Butter und Artischockenmarinade in einer großen Pfanne bei mittlerer Hitze anbraten.

2. Legen Sie die Pilze und Artischockenherzen auf den Boden des Schongarers. Tapioka darüber streuen. Fügen Sie die gebräunten Hühnchenstücke hinzu. Mit Hühnerbrühe und Sherry aufgießen. Estragon zugeben. Abdecken und 7 bis 8 Stunden auf LOW oder 3 1/2 bis 4 1/2 Stunden auf HIGH garen.

3. dient 4.

Crock Pot Hähnchen und Soße

ZUTATEN

- 4 Hähnchenbrusthälften ohne Knochen, ohne Haut+
- Salz und frisch gemahlener schwarzer Pfeffer nach Geschmack
- 4 Scheiben Schweizer Käse
- 1 Dose (10 3/4 oz.) kondensierte Hühnercremesuppe
- 1 Dose (10 3/4 oz.) kondensierte Pilzsuppe oder Selleriecreme
- 1 Tasse Hühnerbrühe
- 1/4 Tasse Milch
- 3 Tassen Streusel, gewürzt mit Kräutern
- 1/2 Tasse geschmolzene Butter

VORBEREITUNG

1. Hähnchenbrust mit Salz und Pfeffer würzen und in den Slow Cooker geben. Die Hühnerbrühe über die Hähnchenbrüste gießen. Auf jede Brust eine Scheibe Schweizer Käse legen.

2. Kombinieren Sie beide Dosen Suppe und Milch in einer Schüssel; gut mischen. Gießen Sie die Suppenmischung über das Huhn. Die Füllmasse über alles streuen. Geschmolzene Butter über die Füllschicht träufeln.

3. Abdecken und bei schwacher Hitze 5-7 Stunden garen.

4. Hinweis: Hähnchenbrust ist sehr mager und wird trocken, wenn sie zu lange gekocht wird.

5. Abhängig von Ihrem Slow Cooker kann das Huhn in 4 Stunden oder weniger perfekt zubereitet werden. Probieren Sie für eine längere Garzeit das Rezept mit Hähnchenkeulen ohne Knochen.

Crock Pot Chicken Enchilada Hot Dish

ZUTATEN

- 9 Maistortillas, 6 Zoll
- 1 Dose (12-16 oz.) Vollkornmais mit Paprika, abgetropft
- 2-3 Tassen gewürfeltes gekochtes Hähnchen
- 1 Teelöffel Chilipulver
- 1/4 TL gemahlener schwarzer Pfeffer
- 1/2 TL Salz oder nach Geschmack
- 1 Dose (4 oz.) gehackte grüne Chilischoten, mild
- 2 Tassen geriebener mexikanischer Käse oder milder Cheddar-Käse
- 2 Dosen (jeweils 10 oz) Enchilada-Sauce
- 1 Dose (15 oz.) schwarze Bohnen, abgespült und abgetropft
- Guacamole und Sauerrahm

VORBEREITUNG

1. Besprühen Sie den Schongarer mit Antihaft-Kochspray.

2. Legen Sie 3 Tortillas auf den Boden des Schongarers.

3. Die Tortillas mit Mais, der Hälfte des Hühnchens, etwa der Hälfte der Gewürze und der Hälfte der Chilischote belegen.

4. Streuen Sie die Hälfte des geriebenen Käses darüber und gießen Sie etwa 3/4 Tasse Enchiladasauce über den Käse.

5. Mit 3 weiteren Tortillas, schwarzen Bohnen, restlichem Hähnchen, Gewürzen, Chilischote und Käse wiederholen.

1. Mit den restlichen Tortillas und der Enchiladasauce belegen.

2. Abdecken und 5 bis 6 Stunden auf niedriger Stufe garen.

3. Mit Guacamole und Sauerrahm servieren.

4. Aufschläge 6-8.

Crock Pot Chicken Enchiladas

ZUTATEN

- 1 große (19 oz.) Dose Enchiladasauce
- 6 Hähnchenbrusthälften ohne Knochen
- 2 Dosen Hühnercremesuppe
- 1 kleine Dose geschnittene schwarze Oliven
- 1/2 Tasse gehackte Zwiebel
- 1 Dose (4 Unzen) gehackte milde Chilischoten
- 16-20 Maistortillas
- 16 Unzen geriebener scharfer Cheddar-Käse

VORBEREITUNG

1. Kochen Sie das Huhn und hacken Sie es. Suppe, Oliven, Chilischote und Zwiebel mischen. Die Tortillas in Scheiben schneiden. Crock Pot mit Sauce, Tortillas, Suppenmischung, Hähnchen und Käse schichten und mit Käse abschließen. Abdecken und 5-7 Stunden auf NIEDRIG garen.

2. Für 8-10 Portionen

Crock Pot Chicken Tortillas

ZUTATEN

- 4 Tassen gekochtes Hähnchen, zerkleinert oder in Stücke geschnitten
- 1 Dose Hühnercremesuppe
- 1/2 c. grüne Chili-Salsa
- 2 EL. Tapioka schnell kochen
- 1 Med. Zwiebel, gehackt
- 1 1/2 c. geriebener Käse
- 12-15 Maistortillas
- Schwarze Oliven
- 1 Tomate, gehackt
- 2 EL gehackte Frühlingszwiebeln
- saure Sahne zum Garnieren

VORBEREITUNG

1. Kombinieren Sie Hähnchen mit Suppe, Chili-Salsa und Tapioka. Legen Sie den Boden des Crock Pot mit 3 Maistortillas aus, die in mundgerechte Stücke gerissen wurden. 1/3 der Hühnermischung hinzugeben. Mit 1/3 der Zwiebel und 1/3 des geriebenen Käses bestreuen. Wiederholen Sie Schichten von Tortillas, die mit Hühnermischung, Zwiebeln und Käse belegt sind. Abdecken und 6-8 Stunden auf niedriger Stufe oder 3 Stunden auf hoher Stufe garen. Nach Belieben mit in Scheiben geschnittenen schwarzen Oliven, gehackten Tomaten, Frühlingszwiebeln und Sauerrahm garnieren.

Crockpot-Cassoulet

ZUTATEN

- 1 Pfund trockene Bohnen, gespült

- 4 Tassen Wasser

- 4 knochenlose, hautlose Hähnchenbrusthälften, in 1-Zoll-Stücke geschnitten

- 8 Unzen gekochter Schinken, in 1-Zoll-Stücke geschnitten

- 3 große Karotten in dünne Scheiben schneiden

- 1 Tasse gehackte Zwiebel

- 1/2 Tasse geschnittener Sellerie

- 1/4 Tasse dicht gepackter brauner Zucker

- 1/2 Teelöffel Salz

- 1/4 TL trockener Senf

- 1/4 Teelöffel Pfeffer

- 1 Dose (8 Unzen) Tomatensauce

- 2 Esslöffel Melasse

VORBEREITUNG

2. Die Bohnen in 4 Tassen Wasser über Nacht in einem Schmortopf oder großen Wasserkocher einweichen.

3. Die Bohnen zugedeckt bei schwacher Hitze ca. 1 1/2 Stunden köcheln lassen, bis sie weich sind, ggf. etwas Wasser zugeben.

4. Bohnen und Flüssigkeit in den Topf geben. Restliche Zutaten hinzufügen; gut mischen.

5. Zugedeckt bei schwacher Hitze 7-9 Stunden garen, bis das Gemüse weich ist.

6. Aufschläge 6-8.

Crockpot Chicken and Herb Dumplings

ZUTATEN

- 3 Pfund Hühnchenstücke, Haut entfernt
- Salz und Pfeffer
- 1/4 Tasse gehackte Zwiebel
- 10 kleine weiße Zwiebeln
- 2 Knoblauchzehen, gehackt
- 1/4 TL gemahlener Majoran
- 1/2 Teelöffel getrocknete Thymianblätter, zerbröckelt
- 1 Lorbeerblatt
- 1/2 Tasse trockener Weißwein
- 1 cl saure Sahne
- 1 Tasse Keksmischung
- 1 Esslöffel gehackte Petersilie
- 6 Esslöffel Milch

VORBEREITUNG

1. Das Hähnchen mit Salz und Pfeffer bestreuen und in einen Schongarer oder Topf geben. Alle Zwiebeln in den Topf geben. Knoblauch, Majoran, Thymian, Lorbeerblatt und Wein hinzugeben. Zugedeckt bei schwacher Hitze 5-6 Stunden garen. Das Lorbeerblatt entfernen. Sauerrahm unterrühren. Erhöhen Sie die Hitze zu hoch und kombinieren Sie die Keksmischung mit der Petersilie. Rühren Sie die Milch in die Keksmischung, bis sie gut angefeuchtet ist. Knödel am Topfrand verteilen. Zugedeckt bei starker Hitze weitere 30 Minuten garen, bis die Knödel gar sind.

Crockpot Hähnchengrill

ZUTATEN

- 2 Hühnerbrüste ohne Knochen und ohne Haut
- 1 1/2 Tassen Tomatenketchup
- 3 EL brauner Zucker
- 1 EL Worcestersauce
- 1 Esslöffel Sojasauce
- 1 Esslöffel Apfelessig
- 1 TL gemahlene Paprikaflocken oder nach Geschmack
- 1/2 Teelöffel Knoblauchpulver

VORBEREITUNG

1. Mischen Sie alle Saucenzutaten in einem langsamen Kocher. Fügen Sie das Huhn hinzu; drehen, um gut mit Sauce zu bestreichen.

2. 3-4 Stunden auf hoher Stufe kochen oder bis das Hähnchen durchgegart ist. Zerkleinern oder zerkleinern Sie das Huhn und geben Sie es wieder in die Sauce im Topf. Gut mischen, so dass alle Stücke beschichtet sind.

3. Sie können den Schongarer auf schwacher Hitze halten, um das Hähnchen zum Servieren auf harten Brötchen warm zu halten.

4. Lecker!

Crockpot Hähnchengrill

ZUTATEN

- 1 Brathähnchen, gehackt oder geviertelt
- 1 Dose Tomatenkondenssuppe
- 3/4 c. gehackte Zwiebel
- 1/4 c. Essig
- 3 EL. brauner Zucker
- 1 EL. Worcestersauce
- 1/2 TL. Salz
- 1/4 TL. Basilikum
- eine Prise Thymian

VORBEREITUNG

1. Legen Sie das Huhn in den Slow Cooker. Alle restlichen Zutaten mischen und über das Huhn gießen. Fest abdecken und 6-8 Stunden auf NIEDRIG garen. Serviert 4.

Crockpot-Chili Chili

ZUTATEN

- 2 Tassen große getrocknete Bohnen, über Nacht eingeweicht
- 3 Tassen kochendes Wasser
- 1 Tasse gehackte Zwiebel
- 2 Knoblauchzehen, gehackt
- 2 bis 3 Jalapenopfeffer aus der Dose, gehackt (eingelegt ist fein)
- 1 EL gemahlener Kreuzkümmel
- 1 Teelöffel Chilipulver
- 1 bis 1 1/2 Pfund Hähnchenbrust ohne Knochen, in 1-Zoll-Stücke geschnitten
- 2 kleine Zucchini oder gewürfelte Zucchini
- 1 Dose (12-15 oz) Vollkornmais, abgetropft
- 1/2 Tasse saure Sahne
- 2 1/4 Teelöffel Salz
- 1 EL Limettensaft
- 1/4 Tasse gehackter frischer Koriander und zum Garnieren, falls gewünscht
- 1 Tomate, gehackt, zur Dekoration oder halbierte Kirschtomaten
- saure Sahne zum Garnieren

VORBEREITUNG

1. Kombinieren Sie Bohnen und kochendes Wasser in einem langsamen Kocher. Stehen lassen, während Sie die anderen Zutaten zubereiten. Die

gehackte Zwiebel, den gehackten Knoblauch, die Jalapenopfeffer, den Kreuzkümmel und das Chilipulver in den Topf geben. Legen Sie das Huhn darauf. Die gewürfelte Zucchini in den Topf geben. Abdecken und 7-8 Stunden auf niedriger Stufe garen oder bis die Bohnen weich sind. Mais, saure Sahne, Salz, Limettensaft und gehackten Koriander untermischen. In Schalen löffeln. Nach Belieben mit einem Löffel Sauerrahm, gehackter Tomate und gehacktem frischem Koriander garnieren.

Crockpot Chicken Chow Mein

ZUTATEN

- 1 1/2 Pfund Hähnchenbrust ohne Knochen, in 1-Zoll-Stücke geschnitten
- 1 Esslöffel Pflanzenöl
- 1 1/2 Tassen gehackter Sellerie
- 1 1/2 Tassen gehackte Karotten
- 6 Frühlingszwiebeln, gehackt
- 1 Tasse Hühnerbrühe
- 1/3 Tasse Sojasauce
- 1/4 TL gemahlener roter Pfeffer oder nach Geschmack
- 1/2 TL gemahlener Ingwer
- 1 Knoblauchzehe, fein gehackt
- 1 Dose (ca. 12-15 Unzen) Unzen Bohnen, abgetropft
- 1 Dose (8 oz.) geschnittene Wasserkastanien, abgetropft
- 1/4 Tasse Maisstärke
- 1/3 Tasse Wasser

VORBEREITUNG

1. Hähnchenteile in einer großen Pfanne anbraten. Legen Sie das gebräunte Hähnchen in den Slow Cooker. Restliche Zutaten außer Maisstärke und Wasser hinzugeben. Aufsehen. Abdecken und 6-8 Stunden auf NIEDRIG garen. Stellen Sie den Schongarer auf HIGH. Kombinieren Sie Maisstärke und Wasser in einer kleinen Schüssel und rühren Sie, bis sie aufgelöst und glatt sind. In Slow Cooker-Flüssigkeiten einrühren. Lassen Sie den Deckel leicht

geöffnet, damit der Dampf entweichen kann, und kochen Sie, bis er eingedickt ist, etwa 20-30 Minuten.

2. Mit Reis oder Chow-Mein-Nudeln servieren. Kann in 5 qt verdoppelt werden. Slow Cooker/Töpfe.

Crockpot Chicken Cordon Bleu

ZUTATEN

- 4-6 Hähnchenbrust (dünn gerieben)
- 4-6 Schinkenstücke
- 4-6 Scheiben Schweizer Käse oder Mozzarella
- 1 Dose Pilzsuppe (Sie können jede beliebige Cremesuppe verwenden)
- 1/4 Tasse Milch

VORBEREITUNG

1. Legen Sie Schinken und Käse auf das Huhn. Aufrollen und mit einem Zahnstocher fixieren. Legen Sie das Hähnchen in den Schongarer/Topf, sodass es wie ein Dreieck aussieht /_\ Legen Sie den Rest darauf. Suppe mit Milch mischen; über das Hähnchen gießen. Decken Sie es ab und kochen Sie es 4 Stunden lang auf niedriger Stufe oder bis das Huhn nicht mehr rosa ist. Mit der daraus hergestellten Soße zu den Nudeln servieren.

2. Anmerkung von Teresa: Das ist das beste Rezept, das ich bisher ausprobiert habe, sehr lecker.

Crockpot Hähnchen Cordon Bleu II

ZUTATEN

- 6 Hähnchenbrusthälften
- 6 Scheiben Schinken
- 6 Scheiben Schweizer Käse
- 1/2 c. Mehl
- 1/2 c. Parmesan Käse
- 1/2 TL. Salz
- 1/4 TL. Pfeffer
- 3 Esslöffel Öl
- 1 Dose Hühnercremesuppe
- 1/2 Tasse trockener Weißwein

VORBEREITUNG

1. Legen Sie jede Hähnchenbrust zwischen Stücke Plastikfolie und klopfen Sie sie vorsichtig, bis sie glatt sind. Legen Sie eine Scheibe Schinken und eine Scheibe Schweizer Käse auf jede Hähnchenbrust; Aufrollen und mit Zahnstochern oder Küchengarn fixieren. Mehl, Parmesankäse, Salz und Pfeffer in einer Schüssel mischen. Rollen Sie das Huhn in der Parmesan-Mehl-Mischung; 1 Stunde kalt stellen. Nachdem das Huhn abgekühlt ist, erhitzen Sie 3 Esslöffel Öl in einer Pfanne; braunes Huhn auf allen Seiten.

2. Kombinieren Sie Hühnersuppe und Wein im Crockpot. Fügen Sie gebräuntes Hähnchen hinzu und kochen Sie es 4 1/2 bis 5 1/2 Stunden lang auf NIEDRIG oder etwa 2 1/2 Stunden lang auf HOCH. Die Sauce mit einer Mischung aus Mehl und kaltem Wasser andicken (etwa 2 Esslöffel Mehl mit 2 Esslöffeln kaltem Wasser vermischt). Etwa 20 Minuten länger backen, bis sie eingedickt sind.

3. Aufschlag 6.

Crockpot Hähnchenkeulen

ZUTATEN

- 12-16 Hähnchenschenkel, Haut entfernt

- 1 Tasse Ahornsirup

- 1/2 Tasse Sojasauce

- 1 Dose (14 oz.) Cranberry-Sauce mit ganzen Beeren
- 1 TL Dijon-Senf
- 1 Esslöffel Maisstärke
- 1 Esslöffel kaltes Wasser
- in Scheiben geschnittene Frühlingszwiebeln oder frisch gehackter Koriander (optional).

VORBEREITUNG

1. Wenn Sie die Haut an den Oberschenkeln behalten möchten, legen Sie das Huhn in einen großen Topf, bedecken Sie es mit Wasser und bringen Sie es bei starker Hitze zum Kochen. Etwa 5 Minuten kochen. Durch das Kochen wird ein Teil des überschüssigen Fetts von der Haut entfernt.

2. Das Hähnchen herausnehmen, trocken tupfen und die Keulen in den Schongarer geben.

3. Ahornsirup, Sojasauce, Cranberrysauce und Senf in einer Schüssel mischen. Über die Schenkel gießen.

4. Abdecken und 6-7 Stunden auf NIEDRIG oder etwa 3 Stunden auf HOCH garen. Das Huhn sollte sehr zart sein, aber nicht vollständig auseinanderfallen.

5. Die Hähnchenschenkel auf eine Platte legen und warm halten.

6. Mischen Sie Maisstärke und kaltes Wasser in einer Tasse oder einer kleinen Schüssel. Mischen, bis glatt.

7. Stellen Sie den Schongarer auf höchste Stufe und rühren Sie die Maisstärkemischung ein. Etwa 10 Minuten backen, bis es eingedickt ist.

8. Oder gießen Sie die Flüssigkeiten in einen Topf und bringen Sie sie zum Kochen. Die Maisstärkemischung einrühren und unter Rühren ein oder zwei Minuten lang erhitzen, bis die Sauce eingedickt ist.

9. Auf Wunsch mit geschnittenen Frühlingszwiebeln oder gehacktem Koriander servieren.

10. Variationen

11. Verwenden Sie stattdessen Hähnchenschenkel oder Unterkeulen mit Knochen. Entfernen Sie die Haut vor dem Kochen.

12. Verwenden Sie 6-8 ganze Hähnchenkeulen ohne Haut anstelle von Unterkeulen.

Crockpot Chicken Frikassee Rezept

ZUTATEN

- 1 Dose kondensierte Hühnercremesuppe, fettreduziert oder gesund
- 1/4 Tasse Wasser
- 1/2 Tasse gehackte Zwiebel
- 1 Teelöffel gemahlener Paprika
- 1 Teelöffel Zitronensaft
- 1 Teelöffel getrockneter Rosmarin, zerdrückt
- 1 TL Thymian
- 1 Teelöffel Petersilienflocken
- 1 Teelöffel Salz
- 1/4 Teelöffel Pfeffer
- 4 Hähnchenbrusthälften ohne Knochen, ohne Haut
- Antihaft-Kochspray
- Schnittlauchknödel
- 3 Esslöffel Backfett
- 1 1/2 Tassen Mehl
- 2 TL. Backpulver
- 3/4 Teelöffel. Salz
- 3 EL frisch gehackter Schnittlauch oder Petersilie
- 3/4 Tasse Magermilch

VORBEREITUNG

1. Besprühen Sie den Schongarer mit Antihaft-Kochspray. Legen Sie das Huhn in den Slow Cooker.

2. Suppe, Wasser, Zwiebel, Paprika, Zitronensaft, Rosmarin, Thymian, Petersilie, 1 TL Salz und Pfeffer mischen; über das Hähnchen gießen. Abdecken und 6-7 Stunden auf NIEDRIG garen. Eine Stunde vor dem Servieren die Knödel zubereiten, siehe unten.

3. Knödel:

4. Mit einem Teigmixer oder einer Gabel die trockenen Zutaten und den Schaum verarbeiten, bis die Mischung grobem Mehl ähnelt.

5. Schnittlauch oder Petersilie und Milch hinzufügen; einfach mischen, bis alles gut vermischt ist. Löffel über heißes Huhn und Soße. Abdecken und auf HIGH etwa 25 Minuten länger garen, bis die Knödel gar sind. Mit Kartoffelpüree oder Nudeln, mit Gemüse oder Salat servieren.

Crockpot Chicken Reuben Casserole

ZUTATEN

- 2 Beutel (jeweils 16 oz) Sauerkraut, gespült und abgetropft
- 1 Tasse leichtes oder kalorienarmes russisches Salatdressing, aufgeteilt
- 6 Hähnchenbrusthälften ohne Knochen, ohne Haut
- 1 Esslöffel zubereiteter Senf
- 4-6 Scheiben Schweizer Käse
- frische Petersilie, zur Dekoration, optional

VORBEREITUNG

1. Legen Sie die Hälfte des Sauerkrauts in einen 3 1/2-Liter-Elektro-Slow Cooker. Etwa 1/3 Tasse der Sauce darüber träufeln. Mit 3 Hähnchenbrusthälften belegen und Senf über das Hähnchen streichen. Mit dem restlichen Sauerkraut und der Hähnchenbrust belegen. Nieselregen Sie eine zusätzliche 1/3 Tasse Sauce über den Auflauf. Restliche Soße bis zum

Servieren kühl stellen. Abdecken und auf niedriger Stufe etwa 3 1/2 bis 4 Stunden garen, oder bis das Hähnchen weiß und zart ist.

2. Zum Servieren den Auflauf auf 6 Teller verteilen. Jeweils mit einer Scheibe Käse belegen und mit ein paar Teelöffeln russischem Dressing beträufeln. Sofort servieren, auf Wunsch mit frischer Petersilie garnieren.

3. Aufschlag 6.

Crockpot-Huhn mit Artischocken

ZUTATEN

- 1 1/2 bis 2 Pfund Hähnchenbrusthälften ohne Knochen, ohne Haut
- 8 Unzen geschnittene frische Pilze
- 1 Dose (14,5 Unzen) gewürfelte Tomaten
- 1 Packung gefrorene Artischocken, 8-12 oz
- 1 Tasse Hühnerbrühe
- 1/2 Tasse gehackte Zwiebel
- 1 Dose (3-4 Unzen) geschnittene reife Oliven
- 1/4 Tasse trockener Weißwein oder Hühnerbrühe
- 3 Esslöffel Schnellkoch-Tapioka
- 2 TL Currypulver oder nach Geschmack
- 3/4 Teelöffel getrockneter Thymian, zerdrückt
- 1/4 Teelöffel Salz
- 1/4 Teelöffel Pfeffer
- 4 Tassen heißer gekochter Reis

VORBEREITUNG

1. Spülen Sie das Huhn ab; trocknen und beiseite stellen. 3 Kombinieren Sie in einem 1/2- bis 5-Liter-Slow Cooker die Pilze, Tomaten, Artischockenherzen, Hühnerbrühe, gehackte Zwiebel, geschnittene Oliven und Wein. Tapioka, Currypulver, Thymian, Salz und Pfeffer mischen. Fügen Sie Huhn Crockpot hinzu; Löffel etwas von der Tomatenmischung über das Huhn.

2. Abdecken und 7 bis 8 Stunden auf NIEDRIG oder 3 1/2 bis 4 Stunden auf HOCH garen. Mit heißem gekochtem Reis servieren.

3. Macht 6 bis 8 Portionen.

Crockpot-Huhn mit Dijon-Senf

ZUTATEN

- 4-6 Hähnchenbrusthälften ohne Knochen
- 2 EL Dijon-Senf
- 1 Dose 98 % fettfreie cremige Pilzsuppe
- 2 Teelöffel Maisstärke
- eine Prise schwarzer Pfeffer

VORBEREITUNG

1. Legen Sie die Hähnchenbrusthälften in die Trennwand des Slow Cookers.

2. Die restlichen Zutaten mischen und über das Huhn geben.

3. Abdecken und bei schwacher Hitze 6-8 Stunden garen.

Crockpot-Huhn mit Reis

ZUTATEN

- 4-6 Hähnchenbrusthälften ohne Knochen, ohne Haut
- 1 Dose (10 3/4 oz.) kondensierte Pilzsuppe oder Hühnerbrühe
- 1/2 Tasse Wasser
- 3/4 Tasse modifizierter Reis, ungekocht
- 1 1/2 Tassen Hühnerbrühe
- 1 bis 2 Tassen gefrorene grüne Bohnen, aufgetaut

VORBEREITUNG

1. Legen Sie die Hähnchenbrust in den Crock Pot. Pilzcremesuppe und 1/2 Tasse Wasser hinzufügen.

2. Fügen Sie 3/4 Tasse Reis und Hühnerbrühe hinzu.

3. Fügen Sie die grünen Bohnen hinzu.

4. Decken Sie es ab und kochen Sie es 6 Stunden lang auf NIEDRIG oder bis das Hähnchen durchgegart und der Reis zart ist.

Für 4-6 Personen.

Crockpot-Huhn mit Tomaten

ZUTATEN

- 4-6 Hähnchenbrusthälften
- 2 grüne Paprikaschoten, in Scheiben geschnitten
- 1 Dose gehackte geschmorte Tomaten
- 1/2 Flasche italienisches Dressing (auf Wunsch fettarm)

VORBEREITUNG

1. Hähnchenbrust, grüne Paprika, geschmorte Tomaten und italienisches Dressing in einen Schongarer oder Schmortopf geben und den ganzen Tag (6 bis 8 Stunden) auf niedriger Stufe garen.

2. Dieses Rezept für geschmortes Hähnchen mit Tomaten wird von Myron in Florida geteilt

Crockpot-Cola-Huhn

ZUTATEN

- 1 ganzes Huhn, etwa 3 Pfund
- 1 Tasse Ketchup
- 1 große Zwiebel in dünne Scheiben geschnitten
- 1 Tasse Cola, Cola, Pepsi, Doktorpfeffer usw.

VORBEREITUNG

1. Das Huhn waschen und trocken tupfen. Salz und Pfeffer nach Geschmack. Legen Sie das Huhn mit der Zwiebel in den Crock Pot. Cola und Ketchup hinzugeben und 6-8 Stunden auf LOW kochen. Genießen!

2. Gepostet von Molly

Crockpot kreolisches Huhn

ZUTATEN

- 1 Pfund Hähnchenschenkel ohne Knochen, Haut entfernt, in 1-Zoll-Stücke geschnitten
- 1 Dose Tomaten mit Saft
- 1 1/2 Tassen Hühnerbrühe
- 8 Unzen vollständig gekochte geräucherte Wurst, in Scheiben geschnitten
- 1/2 bis 1 Tasse gewürfelter gekochter Schinken
- 1 Tasse gehackte Zwiebel
- 1 Dose (6 oz) Tomatenmark
- 1/4 Tasse Wasser
- 1 1/2 Teelöffel kreolisches Gewürz
- ein paar Tropfen Tabasco-Sauce oder andere Peperoni-Sauce
- 2 Tassen Instantreis, ungekocht•
- 1 Tasse gehackte grüne Paprika

VORBEREITUNG

1. Kombinieren Sie Hühnchen, Tomaten, Brühe, Wurst, Schinken, Zwiebel, Tomatenmark, Wasser, Gewürze und Tabasco-Sauce in einem langsamen Kocher. Abdecken und 5-6 Stunden auf NIEDRIG garen.

2. Geben Sie den Reis• und die grüne Paprika in den Topf und kochen Sie weitere 10 Minuten oder bis der Reis weich ist und die meiste Flüssigkeit aufgenommen wurde.

3. Falls gewünscht, 1 1/2 Tassen einfachen Langkornreis kochen und mit der Hühnermischung servieren.

4. Aufschlag 6.

Crockpot-Huhn mit Kräuterfüllung

ZUTATEN

- 1 Dose (10 1/2 oz) Hühnerhaut mit Kräutersuppe
- 1 Dose (10 1/2 oz) Selleriecreme oder Hühnercremesuppe
- 1/2 Tasse trockener Weißwein oder Hühnerbrühe
- 1 Teelöffel getrocknete Petersilienflocken
- 1 Teelöffel getrocknete Thymianblätter, zerbröckelt
- 1/2 Teelöffel Salz
- Etwas schwarzer Pfeffer
- 2 bis 2 1/2 Tassen gewürzter Krümelbelag, etwa 6 Unzen, geteilt
- 4 EL Butter, geteilt
- 6-8 Hähnchenbrusthälften ohne Knochen, ohne Haut

VORBEREITUNG

1.

2. Suppen, Wein oder Brühe, Petersilie, Thymian, Salz und Pfeffer einrühren.

3. Hähnchen waschen und trocken tupfen.

4. Ölen Sie einen 5-7 Liter Slow Cooker-Einsatz leicht ein.

5. Streuen Sie etwa 1/2 Tasse Krümel auf den Boden der Pfanne und träufeln Sie etwa 1 Esslöffel Butter darüber.

6. Mit der Hälfte des Hähnchens belegen, dann die Hälfte der restlichen Streusel. Die Hälfte der restlichen Butter darüber träufeln und die Hälfte der Suppenmischung darüber löffeln.

1. Wiederholen Sie dies mit dem restlichen Hähnchen, den Krümelfüllungen, der Butter und der Suppenmischung.

2. Decken Sie es ab und kochen Sie es 5-7 Stunden lang auf NIEDRIG oder bis das Hähnchen durchgegart ist.

6-8 Portionen.

Crockpot-Huhn mit Kräuterfüllung

ZUTATEN

- 1 Dose (10 1/2 oz) Hühnerhaut mit Kräutersuppe
- 1 Dose (10 1/2 oz) Selleriecreme oder Hühnercremesuppe
- 1/2 Tasse trockener Weißwein oder Hühnerbrühe
- 1 Teelöffel getrocknete Petersilienflocken
- 1 Teelöffel getrocknete Thymianblätter, zerbröckelt
- 1/2 Teelöffel Salz
- Etwas schwarzer Pfeffer
- 2 bis 2 1/2 Tassen gewürzter Krümelbelag, etwa 6 Unzen, geteilt
- 4 EL Butter, geteilt
- 6-8 Hähnchenbrusthälften ohne Knochen, ohne Haut

VORBEREITUNG

1. Suppen, Wein oder Brühe, Petersilie, Thymian, Salz und Pfeffer einrühren.

2. Hähnchen waschen und trocken tupfen.

3. Ölen Sie einen 5-7 Liter Slow Cooker-Einsatz leicht ein.

4. Streuen Sie etwa 1/2 Tasse Krümel auf den Boden der Pfanne und träufeln Sie etwa 1 Esslöffel Butter darüber.

5. Mit der Hälfte des Hähnchens belegen, dann die Hälfte der restlichen Streusel. Die Hälfte der restlichen Butter darüber träufeln und die Hälfte der Suppenmischung darüber löffeln.

1. Wiederholen Sie dies mit dem restlichen Hähnchen, den Krümelfüllungen, der Butter und der Suppenmischung.

2. Decken Sie es ab und kochen Sie es 5-7 Stunden lang auf NIEDRIG oder bis das Hähnchen durchgegart ist.

6-8 Portionen.

Crockpot Hähnchen nach italienischer Art

ZUTATEN

- 4 Pfund Hühnerstücke
- 3 EL Olivenöl
- 2 Zwiebeln, in Scheiben geschnitten
- 1 Teelöffel Salz
- 1/2 Teelöffel frisch gemahlener Pfeffer
- 2 Selleriestangen, in kleine Stücke geschnitten
- 2 Tassen gewürfelte Kartoffeln
- 1 Dose (14,5 Unzen) gewürfelte Tomaten, nicht abgetropft
- 1 Teelöffel getrockneter Oregano
- 1 Esslöffel getrocknete Petersilienflocken
- 1 cl gefrorene Erbsen, aufgetaut

VORBEREITUNG

1. Hähnchenteile in heißem Öl anbraten. Salz, Pfeffer und Zwiebel hinzufügen und weitere 5 Minuten kochen. Legen Sie den Sellerie und die Kartoffeln in den Boden des Slow Cookers und geben Sie das gebräunte Hähnchen, die Zwiebeln und die Tomaten mit dem Saft, dem Oregano und der Petersilie darauf. Zugedeckt 6-8 Stunden auf niedriger Stufe garen. In den letzten 30 Minuten die Erbsen hinzugeben.

2. Aufschlag 6.

Crock Pot Limabohnen mit Hähnchen

ZUTATEN

- 3-4 Pfund Hühnchenstücke
- Salz und Pfeffer
- 1 Esslöffel Pflanzenöl
- 2 große Kartoffeln, in 1-Zoll-Würfel geschnitten
- 1 Packung gefrorene Limabohnen, aufgetaut
- 1 Tasse Hühnerbrühe
- 1/4 Teelöffel getrocknete Thymianblätter, zerbröselt

VORBEREITUNG

1. Das Huhn mit Salz und Pfeffer würzen. Öl und Butter in einer großen Pfanne erhitzen; Braten Sie das Huhn, bis es auf beiden Seiten braun ist. Legen Sie das Huhn mit den restlichen Zutaten in den Topf. Abdecken und 4-6 Stunden auf niedriger Stufe garen, bis das Hähnchen weich ist.

2. dient 4.

Crockpot Pasta und Käsegenuss

ZUTATEN

- 1 Dose Alfredo-Sauce
- 1 Dose Gesunde Pilzcremesuppe
- 1 (7 oz.) Dose weißer Thunfisch oder Hühnchen, abgetropft, oder gekochtes Hähnchen- oder Fleischreste verwenden
- 1/4 TL Currypulver
- 1 bis 1 1/2 Tassen gefrorenes Gemüse
- 1 1/2 Tassen geriebener Schweizer Käse
- 4 Tassen gekochte Nudeln (Makkaroni, Fliegen, Muscheln)

VORBEREITUNG

1. Mischen Sie die ersten 5 Zutaten zusammen; abdecken und 4-5 Stunden auf niedriger Stufe garen. Während der letzten Stunde Schweizer Käse zu der Mischung hinzufügen. Nudeln nach Packungsanweisung kochen; abgießen und in den Slow Cooker geben. Es wäre genauso gut mit gekochtem oder eingemachtem Hähnchen, Schinkenresten oder einfach etwas zusätzlichem Gemüse!

2. dient 4.

Debbies Crockpot Chicken und Füllung

ZUTATEN

- 1 Packung Kräuter-Füllmischung, zubereitet
- 4-6 knochenlose Hähnchenbrusthälften oder knochenlose, hautlose Schenkel•
- 1 Dose (10 3/4 oz.) kondensierte Hühnercremesuppe, unverdünnt
- 1 Dose (3-4 oz oder mehr) geschnittene Champignons, abgetropft

VORBEREITUNG

1. Fetten Sie den Boden und die Seiten der Slow Cooker-Form mit Butter ein.

2. Bereiten Sie die abgepackte (oder selbstgemachte) Füllungsmischung mit Butter und Flüssigkeit gemäß den Anweisungen auf der Packung zu.

3. Verteilen Sie die vorbereitete Füllung auf dem Boden des geölten Schongarers.

4. Legen Sie die Hähnchenstücke auf die Füllmischung. Das Hähnchen darf sich überlappen, aber versuche es so wenig wie möglich zu überlappen. Wenn Platz ist, könnte mehr Hähnchen verwendet werden.

5. Die kondensierte Hühnercremesuppe über das Huhn geben. Sie können auch Pilz- oder Sellerieschalen verwenden, was immer Sie bevorzugen. Die Pilze darauf legen. Achten Sie darauf, die Pilze ein wenig umzurühren, damit sie mit der Suppe bedeckt sind.

6. Abdecken und bei schwacher Hitze 5-7 Stunden garen.

7. •Hähnchenbrust neigt dazu, bei langem Garen trocken zu werden, also überprüfen Sie sie frühzeitig. Oberschenkel sind fettiger als Hähnchenbrust, sodass sie länger gekocht werden können.

Diana Hühnerkönig

ZUTATEN

- 1 1/2 bis 2 Pfund Huhn ohne Knochen
- 1 bis 1 1/2 Tassen Streichholz geschnittene Karotten
- 1 Bund Frühlingszwiebeln (Frühlingszwiebeln), in 1/2-Zoll-Stücke geschnitten
- 1 Dose Kraft-Pimiento- oder Pimiento-Oliven-Schmelzkäseaufstrich (5 oz.)
- 1 Dose 98 % fettfreie Hühnercremesuppe
- 2 EL trockener Sherry (optional)
- Salz und Pfeffer nach Geschmack

VORBEREITUNG

1. Geben Sie alle Zutaten der Reihe nach in den Schongarer (3 1/2 Quart oder größer); zusammen mischen. Abdecken und 7-9 Stunden auf niedriger Stufe garen. Mit Reis, Toast oder Keksen servieren.

2. Aufschläge 6-8.

Gedilltes Hähnchen mit Gemüse

ZUTATEN

- 1 bis 1 1/2 Pfund Huhn, in 1-Zoll-Stücke geschnitten
- 1 Esslöffel getrocknete gehackte Zwiebel (oder kleine Zwiebel, gehackt)
- 1 Dose normale oder 98 % fette Pilzsuppe
- 1 Päckchen (1 Unze) Pilzsoßenmischung (kann Hähnchen- oder Bauernsoße ersetzen)
- 1 Tasse Karotten
- 1/2 bis 1 Teelöffel Dillkraut
- mit Salz und Pfeffer abschmecken
- 1 Tasse gefrorene Erbsen

VORBEREITUNG

1. Kombinieren Sie die ersten 7 Zutaten in einem langsamen Kocher/Topf; abdecken und 6-8 Stunden auf niedriger Stufe garen. Während der letzten 30-45 Minuten die gefrorenen Erbsen hinzugeben. Mit Reis oder Kartoffelpüree servieren.

2. dient 4.

Don's Sweet and Sour Chicken

ZUTATEN

- 2-4 Hühnerbrüste ohne Haut
- 1 große Zwiebel, grob gehackt
- 2 grob gehackte Paprika (eine grüne, eine rote)
- 1 Tasse Brokkoliröschen
- 1/2 Tasse Karottenstücke
- 1 große Dose Ananasstücke (Saft abgießen und AUFBEWAHREN)
- 1/4-1/2 Tasse brauner Zucker (normaler Zucker kann verwendet werden)
- Wasser/Wein/weißer Traubensaft/Orangensaft etc. nach Bedarf für zusätzliche Flüssigkeit
- 1 Esslöffel Maisstärke für jede Tasse Flüssigkeit
- Scharfe Soße nach Geschmack, falls gewünscht
- nach Belieben mit Salz und Pfeffer abschmecken
- Zimt, optional
- Piment, optional
- Nelken, optional
- Currypulver, optional

VORBEREITUNG

1. Geben Sie die Hähnchenbrust in einen Schongarer oder Topf. Zwiebel, Paprika, Brokkoli und Karotte dazugeben. Gut verrühren, ohne Klümpchen in Zucker, Flüssigkeiten, Gewürzen, Maisstärke und Zucker. Über das Huhn gießen. Wenn der Saft nicht ausreicht, fügen Sie die gewünschte Flüssigkeit

hinzu. (Denken Sie jedoch daran: Rühren Sie für jede zusätzliche Tasse Flüssigkeit einen zusätzlichen Esslöffel Maisstärke ein, bevor Sie sie in den Slow Cooker gießen.)

2. Abdecken und 6-8 Stunden auf niedriger Stufe garen. Manchmal ändere ich das Rezept mit einem Fruchtcocktail mit etwas weniger Zucker, Ananas- oder Aprikosenmarmelade oder Orangenmarmelade. (Sie brauchen keine Maisstärke oder natürlich Zucker, wenn Sie Konserven verwenden. Lassen Sie Ihrer Fantasie freien Lauf. Denken Sie daran, dass süß und sauer im Wesentlichen Fruchtsaft und Essig sind.

Einfaches käsiges Slow Cooker-Huhn

ZUTATEN

- 6 Hähnchenbrusthälften ohne Knochen, ohne Haut
- Salz und Pfeffer nach Geschmack
- Knoblauchpulver nach Geschmack
- 2 Dosen kondensierte Hühnercremesuppe
- 1 Dose kondensierte Cheddar-Käsesuppe

VORBEREITUNG

1. Spülen Sie das Huhn ab und bestreuen Sie es mit Salz, Pfeffer und Knoblauchpulver. Mischen Sie die unverdünnte Suppe und gießen Sie sie über das Hähnchen im Crock Pot.

2. Abdecken und bei schwacher Hitze 6-8 Stunden garen.

3. Mit Reis oder Nudeln servieren.

4. Aufschlag 6.

Einfacher Hühnchen-Cacciatore

ZUTATEN

- 1 Huhn, gehackt, etwa 3 bis 3 1/2 Pfund
- 1 Dose Spaghettisauce
- gehackte Zwiebel
- geschnittene Pilze
- gehackter grüner Pfeffer
- Salz und Pfeffer
- Paprikaflocken

VORBEREITUNG

1. Legen Sie ein ganzes zerlegtes Hähnchen (3 bis 3 1/2 Pfund) in einen Schongarer/Topf. Gießen Sie die Spaghettisauce in ein Glas, schneiden Sie die Zwiebel, die Pilze und die grüne Paprika. Salz und Pfeffer nach Geschmack. (Ich verwende auch diese kleinen Paprikaflocken.)

2. Den ganzen Tag bei schwacher Hitze kochen (7-9 Stunden). Mit Nudeln oder Spaghetti servieren.

www.ingramcontent.com/pod-product-compliance
Lightning Source LLC
Chambersburg PA
CBHW071429080526
44587CB00014B/1778